가장 알기 쉬운
슬로바키아어 회화
Slovak Conversation

SAMJI BOOKS

머리말

슬로바키아어와 체코어는 서슬라브어에 속하며, 가장 유사한 두 언어임에도 불구하고 결코 간과할 수 없는 차이점 역시 많이 나타나고 있다. 슬로바키아와 체코는 1993년 1월 1일을 기해 서로 분리하였으며, EU 가입국가로서 타 유럽 국가들과 어깨를 나란히 하여 협력과 경쟁을 이어가고 있다. 지정학적으로 바로 이웃하고 있는 이 두 나라는 분리로 인해 이들 사이의 언어 상황이 예전보다 점점 더 이질화되어가고 있음은 주목할 만하다.

슬로바키아는 중부 유럽에 위치하며 체코, 오스트리아, 폴란드, 우크라이나, 헝가리와 국경을 접하고 있다. 슬로바키아의 이러한 지정학적 위치로 인해 정치, 경제, 문화 그리고 교역에 있어 주요한 역할을 담당하고 있다. 아울러 천혜의 자연환경과 지방 소도시들이 갖는 독특한 민속적 전통, 역사가 숨쉬고 있는 고풍스러운 건축물들은 슬로바키아가 갖는 또 다른 아름다움이다. 슬로바키아에서 장기간 체류하고자 하는 이들에게 필수적이고도 기본적인 의사소통을 위한 지침서의 역할을 넘어, 다양한 상황 대처와 적절한 의사 표현을 통해 현지 체류의 묘미를 느낄 수 있도록 본서를 구성하였다.

단순 명료하면서도 유익한 문장 표현들과 더불어 필수 어휘들을 함께 수록하여 입체적이고 체계적인 의사소통의 원활함을 도모하였고, 모든 표현과 어휘에 한글 발음을 표기하였으며, 한국어에는 존재하지 않는 이들 언어들의 몇몇 발음도 원어 발음에 가장 유사한 한글로 표기해 놓음으로써 소리로 접하는 슬로바키아어의 부드럽고도 섬세한 아름다움을 독자 스스로 체험하고 구사하는 즐거움을 느낄 수 있도록 고려하였다. 슬로바키아에서 지내는 이국 생활의 호기심을 채워줄 수 있는 다양한 흥미로운 정보를 본서 곳곳에 제시함으로써, 이들의 문화 역시 깊이 있게 체험할 수 있는 계기를 마련하고자 하였다.

본서의 생생한 회화 표현들이 슬로바키아에서의 여행이나 생활, 체류가 즐거운 기억이 될 수 있는 데 일조하는 계기가 되기를 바라며, 아울러 슬로바키아어의 언어 수요의 확대에 즈음하여 이들 언어를 실용적으로 배우고자 하는 이들에게도 유용한 지침서가 되기를 바란다.

김은해

목 차 Obsah

I. 슬로바키아어 발음과 문법
발음의 개요 8
슬로바키아어의 자음 9
슬로바키아어의 모음 11
명사의 성 18
기수 19
서수 24
월 이름 26
주 28
시간 30
슬로바키아어에는 격변화 현상이 있다 34
슬로바키아어 동사 변화형 현재 시제 35
과거 시제 38
동사 미래형 (완료체 동사와 불완료체 동사) 42
정태 동사와 부정태 동사 44
양상 조동사 44
전치사 46
형용사 47
인칭대명사 49
소유대명사 50
분수 51
유용한 수량표현 52
기본 표현들 53

II. 슬로바키아어 회화표현

1. 만날 때 인사 (Pri stretnutí) 56
2. 헤어질 때 인사 (Pri rozchode) 63
3. 간단한 질문들 (Jednoduché otázky) 66
4. 감사인사 하기 (Ako sa poďakovať) 71
5. 다양한 사과표현 (Rozličné ospravedlnenia) 81
6. 사물에 대한 요청 (Žiadanie o vec) 88
7. 초대 : 수락, 거절 (Pozvanie : prijímanie, odmietanie) 95
8. 레스토랑에서 (V reštaurácii) 104
9. 쇼핑하기 (Nakupovanie) 123
10. 길 묻기 (Pýtame sa na cestu) 142
11. 호텔에서 (V hoteli) 155
12. 집 구하기 (Prenájom bytu) 164
13. 은행에서 (V banke) 170
14. 전화하기 (Telefonovanie) 176
15. 우체국에서 (Na pošte) 184
16. 건강 (Zdravie) 188
17. 기차역에서 (Na železničnej stanici) 202
18. 미용실에서 (V kaderníctve) 212
19. 날씨 (Počasie) 216
20. 영화관과 극장 (Kino a divadlo) 224
21. 개인정보 (Osobné údaje) 232

III. 부록

슬로바키아 국경일 및 명절
   (Štátne sviatky Slovenskej republiky) 240
슬로바키아 (Slovenská Republika) 개관 241

I. 슬로바키아어 발음과 문법

발음의 개요

슬로바키아어는 서슬라브어에 속하며 라틴문자를 사용하고 영어나 프랑스어에 비해 읽고 발음하기는 비교적 쉬운 편이다. 체코어와 가장 유사하며, 특수발음기호가 첨가된 자모들이 있다. 자음, 특히 자음 l, r 과 모음의 장·단 구별이 있으며, 언어 유형적으로는 굴절어의 특성을 가지고 있어 곡용과 활용이 전반적으로 나타난다.

* 슬로바키아어 알파벳 (Slovenská abeceda)

A, a [아]	I, i [이]	Ŕ, ŕ [에르:]
Á, á [아:]	Í, í [이:]	S, s [에쓰]
Ä, ä [에]	J, j [예]	Š, š [에슈]
B, b [베]	K, k [까]	T, t [떼]
C, c [쩨]	L, l [엘]	Ť, ť [떼]
Č, č [췌]	Ĺ, ĺ [엘:]	U, u [우]
D, d [데]	Ľ, ľ [엘르]	Ú, ú [우:]
Ď, ď [데]	M, m [엠]	V, v [베]
DZ, dz [드제]	N, n [엔]	W, w [드보이떼베; 베]
DŽ, dž [드줴]	Ň, ň [엔뉴]	X, x [익쓰]
E, e [에]	O, o [오]	Y, y [입씰론; 이]
É, é [에:]	Ó, ó [오:]	Ý, ý [이:]
F, f [에프]	Ô, ô [우오]	Z, z [젯]
G, g [게]	P, p [뻬]	Ž, ž [좻]
H, h [하]	Q, q [끄베]	
CH, ch [하]	R, r [에르]	

슬로바키아어의 자음 Spoluhlásky; Konsonanty

c [쩨]   cukor [쭈꼬르] 설탕, cesnak [쩨스낙] 마늘, bicykel [비찌겔] 자전거 (영어의 treats, its 등에서의 'ts' 발음에 유사하다.)

č [췌]   číslo [취슬로] 번호, 숫자, darček [다르췍] 선물, mačka [마츄까] 고양이 (영어의 child, cheese에서의 'ch' 발음에 유사하다.)

ď [데]   ďalší [댤쉬] 다음의 (영어의 during, deuce 등의 'd' 발음과 유사하다)

dz [드제] medzi [메드지] ~사이에, hrdza [흐르드자] 녹 (영어의 beds, boards등의 'ds' 발음에 유사하다.)

dž [드줴] džbán [드쥬반:] 물병, 항아리, džavot [드좌봇] 재잘거림, 수다 (영어의 jam에서의 'j' 발음에 유사하다.)

ch [하] chlieb [홀뤼엡] 빵, chlapček [홀랍췍] 소년 (무성음이며, 스코틀랜드어 loch의 'ch' 발음에 유사하다. 슬로바키아어에서 자음 h는 유성음이다.)

j [예]   jazero [야제로] 호수, vojna [보이나] 전쟁, 군대 (반모음이며, 영어의 you, yes의 'y' 발음에 유사하다.)

k [까]   káva [까:바] 커피, kniha [끄뉘하] 책, kuchár [꾸하:르] 요리사

ĺ [엘:] stĺp [스뜰:쁘] 기둥, 전봇대, vĺča [블:촤] 아기늑대 (영어의 해당 발음은 없으며, 단자음 l을 두 배 정도 길게 발음하는 장자음 (長子音)이다. 반모음, 즉 semi-vowel로서 음절형성 기능이 있다)

ľ [엘르] veľmi [벨미] 매우, 아주, chvíľa [흐빌랴] 잠시, 순간, ľad [랴

	뜨] 얼음. 혀끝을 혀천장의 경구개 부분에 대고 내는 소리이다. 영어의 colliery [kάljəri]의 lli 발음과 유사하다.	
ň [엔느]	deň [덴느] 날, 일, oheň [오헨느] 불, kameň [까멘느] 돌 (영어의 companion, news의 'n' 발음에 유사하다.)	
p [뻬]	pán [빤] ~씨, ~님, pivo [삐보] 맥주, pošta [뽀쓔따] 우체국	
r [에르]	ruka [루까] 손, 팔, dobre [도브레] 좋게, 잘, ryba [리바] 생선, 물고기 (혀끝을 치아의 뿌리부분 반대편에서 진동하여 내는 소리이다)	
ŕ [에르:]	vŕtať [브르:따뛰] ~을 파다, kŕmiť [끄르:미뛰] ~을 먹이다 (영어에는 해당 발음이 없으며, 위의 r를 두 배 정도 길게 발음하는 장자음이다. 반모음, 즉 semi-vowel로서 음절 형성 기능이 있다.)	
š [에슈]	škola [슈꼴라] 학교, duša [두샤] 정신, 영혼 (영어의 she, mash 등에서의 'sh' 발음에 유사하다.)	
t [떼]	teraz [떼라쓰] 지금, tam [땀] 저기에, 저곳에, taška [따슈까] 가방	
ť [떼]	ťava [땨바] 낙타, dosť [도스뛰] 충분하게, 충분히 (영어의 tutor, Tuesday 등에서의 't' 발음에 유사하다.)	
v [베]	voda [보다] 물, víno [비:노] 포도주, 와인, vietor [비에또르] 바람. 그러나 자음 v가 어말에 위치하거나, 단어의 중간에서 다른 자음에 선행하는 경우나 어말에서는 [u]에 흡사하게 발음한다. pravda [쁘라우다] 진리, 진실, polievka [뽈리에우까] 스프, 국, spev [스뻬우] 노래	
ž [젯]	ruža [루좌] 장미, život [쥐봇] 인생, 삶 (영어의 leisure, vision 등에서의 's' 발음에 유사하다.)	

q, w, x는 외래어에서 차용된 어휘들에서만 나타나며, w의 발음은 v와 동일하지만 표기상의 차이만 있을 뿐이다.

kvalita [끄발리따] (품)질, kvarteto [끄바르떼또] 4중주
whisky [비스끼] 위스키, wistéria [비스떼:리아] 등나무
existencia [엑씨쓰뗀찌아] 존재

슬로바키아어의 모음 Samohlásky; Vokály

슬로바키아어의 모음은 무엇보다도 장·단 구별이 있는 것이 특징적이며 모음의 장·단에 의해 어휘의 의미적 차이가 나타나기도 한다.

단모음 (Krátke samohlásky)	장모음 (Dlhé samohlásky)
a [아] rad [라뜨] 줄, 열 ahoj [아호이] 안녕! mamička [마미츠까] 엄마	á [아:] rád [라:뜨] 좋아하는 káva [까:바] 커피 áno [아:노] 네, 그렇습니다. Slovák [슬로박:] 슬로바키아인
e [에] cesta [쩨스따] 여행, 길 meno [메노] 이름 Slovenka [슬로벵까] 슬로바키아여자	é [에:] malé [말레:] 작은 dobré [도브레:] 좋은 torpédo [또르뻬도] 수뢰, 어뢰
i [이] pivo [삐보] 맥주 pani [빠뉘] 부인, 여사	í [이:] patrí [빠뜨리:] ~에 속하다 tisíc [뛰씨쯔] 천 (1 000)

o [오] dom [돔] 집 slovo [슬로보] 단어, 어휘 soľ [솔르] 소금	ó [오:] móda [모:다] 모드, 유행 Kórejec[꼬:레예쯔]= Kórejčan 　　　　[꼬레:이촨] 한국인 Kórejka[꼬:레이까]= Kórejčanka 　　　　[꼬:레이촹까] 한국여자
u [우] utorok [우또록] 화요일	ú [우:] dúha [두:하] 무지개
y [이] syr [씨르] 치즈	ý [이:] dobrý [도브리:] 좋은
ä [에] mäso [메쏘] 고기 päť [뻿뛰] 다섯, 오	ø

슬로바키아어의 단모음 중 e와 ä는 표기만 다를 뿐 실질적인 발음은 같아서 영어의 set와 leg 등에서 나타나는 e처럼 발음하면 된다.

* 슬로바키아어의 이중모음 (Dvojhlásky; Diftongy)

슬로바키아어에서 나타나는 이중모음은 다음과 같다.

ia [이아] - viac [비아쯔] 더 많이, piatok [삐아똑] 금요일, maliar [말리아르] 화가
ie [이에] - šťastie [쓔땨스뛰에] 행운, 행복, 복 dieťa [뒤에땨] 어린이, 아이, námestie [나:메스띠에] 광장, ovocie [오보찌에] 과일
iu [이우] - cudziu [쭈지우] 외국의, rybiu [리비우] 생선의
ô [우오] - stôl [스뚜올] 탁자, 책상, dôkaz [두오까스] 증거

* 특수발음표시기호 (Diakritické znamienky)

슬로바키아어에서는 라틴문자가 사용되기는 하지만, 몇몇 개의 특수

발음 표시 기호들이 나타난다.

˘ (mäkčeň; 멕췐느) 연음표시기호

자음 위에 나타나는 이 표시기호는 해당 자음이 연음이며 구개음이라는 것을 나타낸다 (ť, ď, ň…)

´ (dĺžeň; 들젠느) 장음(長音)표시기호

자음이나 모음 위에 나타나는 이 표시기호는 해당 자음이나 모음이 장음이라는 것을 나타낸다. (ĺ, ŕ, á, é…)

¨ (dve bodky; 드베 보뜨끼) 움라우트, 변모음표시기호

원래 슬로바키아어의 ä는 영어의 bad에서 나타나는 모음 [æ]처럼 발음되었지만, 현대 슬로바키아어에서는 leg의 모음 [e]처럼 발음된다.

^ (vokáň; 보깐느) 곡절악센트 표시기호

슬로바키아어에서 이 기호는 이중 모음 ô에서만 나타난다. 발음은 [uo]로 한다.

* **모음 i, í와 y, ý는 각각 소리가 같다**

다만, 이러한 모음들에 선행(先行)하는 자음들의 성격만 달리한다.

연자음 (soft consonants; mäkké spoluhlásky) + i č, š, ž, c, j, ď, ť, ň, ľ, dz, dž
경자음 (hard consonants; tvrdé spoluhlásky) + y h, ch, k, l, g, d, t, n
중성자음 (neutral consonants; neutrálne spoluhlásky) + i, y b, f, m, p, r, s, v, z

경자음과 연자음은 격 변화시 대부분 각기 다른 형태를 보이기 때문에

이러한 구별은 매우 중요하다.

* **ď, ť, ň, ľ에 i, í, e와 같은 모음이 후행(後行)하는 경우**

이 경우에는 ď, ť, ň, ľ 위의 연음표시기호가 표기상으로는 나타나지 않지만, 발음 시에는 그대로 연자음, 구개음으로 발음된다.

표 기	발 음
di, ti, ni, li	[ďi], [ťi], [ňi], [ľi]
dí, tí, ní, lí	[ďi:], [ťi:], [ňi:], [ľi:]
de, te, ne, le	[ďe], [ťe], [ňe], [ľe]

hodina [hoďina 호뒤나] 시 (時)
rodina [roďina 로뒤나] 가족, 식구
telo [ťelo 뗄로] 몸, 신체
dejiny [ďejiny 데이니] 역사

그러나 위에 제시된 규칙과는 달리, 현대 슬로바키아어 구어체에서는 li, lí, le의 경우 구개음화 없이 단순한 l로써 표기된 대로 [li], [li:], [le]로 발음된다.

이와 같은 발음 규칙에 예외적인 어휘들은 다음과 같다.
ten [뗀] 그, jeden [예덴] 하나, 일, teda [떼다] 그러니까, 그러므로, teraz [떼라스] 지금, odísť [오디:스띠] 떠나다 등은 구개음화 없이 경자음으로 발음된다.

다음의 경자음들과 비교하면 발음상의 차이를 보다 더 쉽게 이해할 수 있다.

dy, ty, ny, ly ; dý, tý, ný, lý; de, te, ne, le

* **슬로바키아어의 유성자음과 무성자음** (Znelé a neznelé spoluhlásky)

유성자음 (voiced; znelé spoluhlásky)
b, d, ď, dz, dž, g, h, v, z, ž
무성자음 (voiceless; neznelé spoluhlásky)
p, t, ť, c, č, k, ch, f, s, š

자음 j, l, ľ, m, n, ň, r 역시 유성음이나 해당 무성자음이 존재하지 않는다.

* **슬로바키아어의 동화현상과 어말 무성화** (Asimilácia a strata znelosti na konci slova)

슬로바키아어에서 유성자음으로 끝나는 단어는 발음시 무성음화되며, 단어내에 자음군이 있는 경우 이웃하는 자음의 영향을 받아 동화 현상 (asimilácia)을 일으킨다. 슬로바키아어에서는 뒷자음이 앞자음에 영향을 미치는 역행동화 (regresívna asimilácia)가 대부분이다.

otá<u>z</u>ka [ota:ska 오따스까] 질문

o<u>dp</u>oveď [otpoveť 오뜨뽀베뛰] 대답, 답변

<u>v</u>čela [fčela, 프첼라] (꿀)벌

kr<u>b</u> [krp 끄릅] 벽난로

nô<u>ž</u> [nuoš, 누오슈] 칼

k ránu [gra:nu 그라누] 아침에
čas radosti [čazradosťi 촤즈라도스뜨] 기쁨의 시간

그러나 슬로바키아어에서는 인칭명사에 선행하는 어휘의 마지막 자음은 동화현상의 영향에 지배받지 않는다.
s ním [sni:m 스님:] 그와 함께
s ňou [snou 스뇨우] 그녀와 함께
k nám [kna:m 끄남:] 우리에게

v 앞에 오는 s와 t도 동화현상에 지배받지 않는다.
svet [svet 스벳] 세상, 세계
tvár [tva:r 뜨바르] 얼굴, 뺨

* **슬로바키아 어휘의 강세는 항상 첫 음절에 있는 고정강세**

강세는 어휘의 첫 음절에 있으며, 전치사와 함께 사용되는 경우 강세는 전치사에 주어지며 전치사와 후행하는 어휘를 한 단어처럼 붙여서 발음한다. 전치사 역시 후행하는 어휘가 자음으로 시작되는 경우 동화현상을 보인다.
okno [okno 오끄노] 창문
všade [fšaďe 프샤데] 모든 곳에
farba [farba 파르바] 색, 색상
z Prahy [sprahy 스쁘라히] 프라하에서, 프라하로부터
s bratom [zbratom 즈브라똠] 형(남동생, 오빠)과 함께
s mliemkom [zmliekom 즈믈리에꼼] 우유를 곁들여, 우유를 넣어
bez cukru [bescukru 베쓰쭈끄루] 설탕 없이, 설탕을 넣지 않고

* k, g앞에서의 n은 [ŋ]으로 발음된다

banka [baŋka 방까] 은행
maminka [mamiŋka 마밍까] 엄마

* **슬로바키아어의 모음운율법칙** (Zákon o rytmickom krátení)

슬로바키아어에서는 장모음에 후행하는 모음은 단모음이 되는 법칙을 의미한다. 이는 장모음이나 이중모음이 자음을 사이에 두고서라도 연속적으로 나타날 수 없다는 것을 의미한다.
krásny [끄라ː쓰니] 아름다운
pamiatka [빠미아뜨까] 기억, 추억, 기념
neriadny [네리아드니] 무질서한, 어수선한
medzinárodný [메드지나로드니] 국제적인

그러나 모음운율법칙이 적용되지 않는 예외적인 경우들 역시 모두 따로 암기해 두어야 하지만, 대표적인 경우는 다음과 같다.
-ie로 끝나는 중성명사 (lístie, skálie)
접두사 ná-, sú-, zá- sú 등은 파생시 장모음성 성질을 보존한다. (námietka, súčiastka, zásielka)
páví, vtáčí 유형의 형용사
tisícnásobný, tisíckrát와 같은 수사의 경우
동사 활용형 중 3인칭 복수 현재형이 -ia로 끝나는 경우 (chvália, trápia)
chválievať, vábievať, trápievať 유형의 다회성 동사

명사의 성 Rod podstatných mien

사물이나 사람, 명칭을 나타내는 말은 명사에 속하며, 슬로바키아어의 명사는 문법상의 성을 가지고 있으며, 남성 (M: masculin), 여성 (F: feminine), 중성 (N: neuter)으로 나뉘어지고 남성은 다시 생물 (masculin animate; Ma)과 무생물 (masculin inanimate; Mi)로 나뉘어진다. 남성 생물은 생물학적인 성이 있으므로 남성 생물로 표기되지만, 남성 무생물, 여성, 중성은 문법적인 성을 갖게 된다. 남성 명사는 대부분 자음으로 끝나고 여성명사는 대부분 모음으로 끝나며, 중성명사는 대부분 모음 -e, -ie, -o로 끝난다. 명사의 성에 따라 수사, 지시 대명사, 형용사도 일치를 보인다. 그러나 슬로바키아어에서는 영어나 독일어 등에서 나타나는 관사가 없으며, 지시 대명사 ten, tá, to 에는 관사의 역할도 포함되어 있다.

jeden študent [예덴 슈뚜덴뜨] 한 학생
ten študent [멘 슈뚜덴뜨] 그 학생 〉 남성 생물 (Ma)
kórejský študent [꼬레이스끼 슈뚜덴뜨] 한국 학생

jeden stôl [예덴 스뚜올] 책상 하나
ten stôl [멘 스뚜올] 그 책상 〉 남성 무생물 (Mi)
veľký stôl [벨르끼 스뚜올] 큰 책상

jedna študentka [예드나 슈뚜덴뜨까] 한 여학생
tá študentka [따 슈뚜덴뜨까] 그 여학생 〉 여성 (F)
kórejská študentka [꼬레이스까 슈뚜덴뜨까] 한국 여학생

jedno auto [예드노 아우또] 자동차 한 대
to auto [또 아우또] 그 자동차
kórejské auto [꼬레이스께 아우또] 한국 자동차
} 중성 (N)

기수 Základné číslovky

0 nula [눌라]	15 pätnásť [뼷나쓰뜨]
1 jeden [예덴] jedna, jedno	16 šestnásť [쉐스나쓰뜨]
2 dva [드바] dve, dve	17 sedemnásť [쎄뎀나쓰뜨]
3 tri [뜨리]	18 osemnásť [오쎔나쓰뜨]
4 štyri [슈띠리]	19 devätnásť [데뱃나쓰뜨]
5 päť [뼷]	20 dvadsať [드바짯]
6 šesť [쉐스뛰]	30 tridsať [뜨리짯]
7 sedem [쎄뎀]	40 štyridsať [슈띠리짯]
8 osem [오쎔]	50 päťdesiat [뼷데씨앗]
9 deväť [데뱃]	60 šesťdesiat [쉐스뜨데씨앗]
10 desať [데쌋]	70 sedemdesiat [쎄뎀데씨앗]
11 jedenásť [예데나쓰뜨]	80 osemdesiat [오쎔데씨앗]
12 dvanásť [드바나쓰뜨]	90 deväťdesiat [데뱃데씨앗]
13 trinásť [뜨리나쓰뜨]	100 sto [스또]
14 štrnásť [슈뜨르나쓰뜨]	

11~19 까지는 -násť
20~40 까지는 -dsať
50~90 까지는 -desiat

200 dvesto [드베스또]
300 tristo [뜨리스또]
400 štyristo [슈띠리스또]
500 päťsto [뺏스또]
600 šesťsto [쉐스뜨스또]
700 sedemsto [쎄뎀스또]

1 000 tisíc [뛰씨쯔]
2 000 dve tisíc [드베 뛰씨쯔]
3 000 tri tisíc [뜨리 뛰씨쯔]
4 000 štyri tisíc [슈띠리 뛰씨쯔]
5 000 päť tisíc [뺏 뛰씨쯔]
6 000 šesť tisíc [쉐스뛰 뛰씨쯔]

1 000 000 milión [밀리온]
2 000 000 dva milióny [드바 밀리오니]
5 000 000 päť miliónov [뺄 밀리오노우]

끝자리가 0이 아닌 20이상의 숫자 읽는 방법은 다음과 같다.
21 dvadsať jedna [드바짯 예드나]
22 dvadsať dva [드바짯 드바]
23 dvadsať tri [드바짯 뜨리]

204 dvesto štyri [드베스또 슈띠리]
302 tristo dva [뜨리스또 드바]
1001 tisícjeden [뛰씨쯔예덴]
1997 tisíc deväťsto deväťdesiatsedem [뛰씨쯔 데벳스또 데벳데씨앗쎄뎀]
(위와 같은 연도표기 등은 1000 / 900 / 97 이러한 방식으로 읽는다)
2005 dve tisíc päť [드베 뛰씨쯔 뺏]

슬로바키아어에서 1은 단수, 2~4는 복수, 그리고 5 이상은 복수 소유격/복수 생격 (genitiv plurálu)을 사용한다.

단수

Kto je tu? 여기에는 누가 있어요?
끄또 예 뚜

Je tu jeden muž 여기에는 한 남자가 있어요.
예 뚜 예덴 무슈

Je tu jedna žena 여기에는 한 여자가 있어요.
예 뚜 예드나 쥁나

Je tu jedno dievča 여기에는 한 소녀(아가씨)가 있어요.
예 뚜 예드노 뒤에우챠

Čo je tu? 여기에는 무엇이 있나요?
쵸 예 뚜

Je tu jeden stôl 여기에는 탁자 (책상) 하나가 있어요.
예 뚜 예덴 스뚜올

Je tu jedna kniha 여기에는 책 한 권이 있어요.
예 뚜 예드나 끄뉘하

Je tu jedno auto 여기에는 자동차 한 대가 있어요.
예 뚜 예드노 아우또

복수 소유격을 사용하는 경우 동사는 3인칭 단수형 어미를 갖는다.

Tu je päť mužov 여기에 다섯 명의 남자가 있다.
뚜 예 뺏 무죠우

Tam je desať študentov 저기에 10명의 학생이 있다.
땀 예 데싯 슈뚜덴또우

Tu je päť žien 여기에 다섯 명의 여자가 있다.
뚜 예 뺏 쥐엔

그리고 2 ~ 4까지의 수사에 남성 생물 명사가 후행하는 경우, 수사에 도 다음과 같은 변화가 나타나는 것을 유념해야 한다.

dvaja muži [드바야 무쥐] 두(명의) 남자들
traja muži [뜨라야 무쥐] 세(명의) 남자들
štyria muži [슈띠리아 무쥐] 네(명의) 남자들

Tu sú dvaja muži   여기에는 두 남자가 있어요.
뚜 쑤 드바야 무쥐
Tu sú traja Kórejci   여기에는 세 명의 한국인이 있어요.
뚜 수 뜨라야 꼬레이찌

5이상의 경우는 다음과 같다.
päť mužov [뺏 무죠우] 5(명의) 남자들
šesť mužov [쉐스뛰 무죠우] 6(명의) 남자들

그러나 남성 무생물 명사, 여성 그리고 중성 명사가 후행하는 경우에는 남성 생물 명사에서와 같은 수사의 변화가 보이지 않는다.
dva roky [드바 로끼] 2년(年)
dva dni [드바 드뉘] 이틀
dve ženy [드베 줴니] 두(명의) 여자
dve autá [드베 아우따] 두 대의 자동차

tri roky [뜨리 로끼] 3년(年)
tri dni [뜨리 드뉘] 사흘
tri ženy [뜨리 줴니] 세(명의) 여자
tri autá [뜨리 아우따] 세 대의 자동차

päť rokov [뺏 로꼬우] 5년(年)

päť dní [뻿 드뉘] 닷새

päť žien [뻿 쥐엔] 다섯 명의 여자

päť áut [뻿 아웃] 다섯 대의 자동차

* 나이를 물어볼 때

Koľko máš rokov? 너 몇 살이니?
꼴꼬   마슈 로꼬우

Koľko máte rokov? 연세가 어떻게 되십니까?
꼴꼬   마뗴 로꼬우

-(Mám) 20 rokov 20살입니다.
  맘   드바짯 로꼬우

-(Mám) 35 rokov 35살입니다.
  맘   뜨리짯 뻿 로꼬우

* 가격을 물어볼 때

Koľko to stojí? 이것은 (그것은) 얼마예요?
꼴꼬   또 스또이

- Stojí to 700 euro. 700유로입니다.
  스또이 또 쎄뎀스또 에우로

Koľko stojí chlieb? 빵은 얼마예요?
꼴꼬   스또이 흘리엡

- Stojí to 10 korún (Sk) 10꼬룬입니다.
  스또이 또 데싸뜨 꼬룬

Koľko stojí voda? 물은 얼마예요?
꼴꼬   스또이 보다

Koľko stojí mlieko? 우유는 얼마예요?
꼴꼬   스또이 믈리에꼬

Koľko stojí tento mobil? 이 휴대전화기는 얼마예요?
꼴꼬 스또이 뗀또 모빌

* **기온을 물어볼 때**

Koľko je dnes stupňov? 오늘 기온이 몇 도나 되나요?
꼴꼬   예 드녜쓰 스뚜쁘뇨우

-Približne 22 stupňov Celsia   대략 섭씨 22도 정도예요.
쁘리블리쥬녜 드바짯 드바 스뚜쁘뇨우 쩰지아

-Teplomer ukazuje 11 stupňov pod nulou.
떼쁠로메르 우까주예 예데나스뜨 스뚜쁘뇨우 뽀드 눌로우

온도계가 영하 11도를 가리키고 있네요.

서수 Radové číslovky

슬로바키아어의 서수는 형용사처럼 격변화한다. 날짜, 시간, 순서 등을 표현하는 데 사용된다.

1. prvý [쁘르비] prvá, prvé
2. druhý [드루히] druhá, druhé
3. tretí [뜨레띠] tretia, tretie
4. štvrtý [슈뜨브르띠] -á, -é
5. piaty [삐아띠] -a, -e
6. šiesty [쉬에스띠] -a, -e
7. siedmy [씨에드미] -a, -e
8. ôsmy [우오쓰미] -a, -e

9. deviaty [데비아띠] -a, -e
10. desiaty [데씨아띠] -a, -e
11. jedenásty [예데나스띠] -a, -e
12. dvanásty [드바나스띠] -a, -e
13. trinásty [뜨리나스띠] -a, -e
14. štrnásty [슈뜨르나스띠] -a, -e
15. pätnásty [뺏나스띠] -a, -e
16. šestnásty [쉐슷나스띠] -a, -e
17. sedemnásty [쎄뎀나스띠] -a, -e
18. osemnásty [오쎔나스띠] -a, -e
19. devätnásty [데벳나스띠] -a, -e
20. dvadsiaty [드바찌아띠] -a, -e
30. tridsiaty [뜨리찌아띠] -a, -e
40. štyridsiaty [슈띠리찌아띠] -a, -e
50. päťdesiaty [뺏데씨아띠] -a, -e
60. šesťdesiaty [쉐스뜨데씨아띠] -a, -e
70. sedemdesiaty [쎄뎀데씨아띠] -a, -e
80. osemdesiaty [오쎔데씨아띠] -a, -e
90. deväťdesiaty [데벳데씨아띠] -a, -e
100. stý [스띠] -á, -é
1 000. tisíci [뛰씨찌] -ia, -ie
1 000 000. miliónty [밀리온띠] -a, -e

끝자리가 0이 아닌 다른 서수를 읽는 방식은 다음과 같다.
42. štyridesiaty (-a, -e) druhý (-á, -é) [슈띠리뎨씨아띠 드루히]
58. päťdesiaty (-a, -e) ôsmy (-a, -e) [뺏데씨아띠 우오쓰미]

75. sedemdesiaty (-a, -e) piaty (-a, -e) [쎄뎀데씨아띠 삐아띠]
97 deväťdesiaty (-a, -e) siedmy (-a, -e) [데뺏데씨아띠 씨에드미]

월 이름 Názvy mesiacov

január [야누아르] 1월	v januári [브야누아리] 1월에
február [페부르아르] 2월	vo februári [보페브루아리] 2월에
marec [마레쯔] 3월	v marci [브마르찌] 3월에
apríl [아쁘릴] 4월	v apríli [브아쁘릴리] 4월에
máj [마이] 5월	v máji [브마이] 5월에
jún [윤] 6월	v júni [브유니] 6월에
júl [율] 7월	v júli [브율리] 7월에
august [아우구스뜨] 8월	v auguste [브아우구스떼] 8월에
september [쎕뗌베르] 9월	v septembri [브쎕뗌브리] 9월에
október [옥또베르] 10월	v októbri [브옥또브리] 10월에
november [노벰베르] 11월	v novembri [브노벰브리] 11월에
december [데쩸베르] 12월	v decembri [브데쩸브리] 12월에

날짜를 표현하는 경우, 소유격/생격 (genitiv)을 사용한다.

1. prvého [쁘르베호]	17. sedemnásteho [쎄뎀나쓰떼호]
2. druhého [드루헤호]	18. osemnásteho [오쎔나쓰떼호]
3. tretieho [뜨레띠에호]	19. devätnásteho [데벳나쓰떼호]
4. štvrtého [슈뜨브르떼호]	20. dvadsiateho [드바찌아떼호]

5. piateho [삐아떼호]	21. dvadsiateho prvého
6. šiesteho [쉬에스떼호]	22. dvadsiateho druhého
7. siedmeho [씨에드메호]	23. dvadsiateho tretieho
8. ôsmeho [우오쓰메호]	24. dvadsiateho štvrtého
9. deviateho [데비아떼호]	25. dvadsiateho piateho
10. desiateho [데씨아떼호]	26. dvadsiateho šiesteho
11. jedenásteho [예데나쓰떼호]	27. dvadsiateho siedmeho
12. dvanásteho [드바나쓰떼호]	28. dvadsiateho ôsmeho
13. trinásteho [뜨리나쓰떼호]	29. dvadsiateho deviateho
14. štrnásteho [슈뜨르나쓰떼호]	30. tridsiateho [뜨리찌아떼호]
15. pätnásteho [뺏나쓰떼호]	31. tridsiateho prvého
16. šestnásteho [쉐슷나쓰떼호]	

날짜를 표현할 때에는 날뿐만 아니라 각 달의 명칭도 소유격/생격 (genitiv)으로 표현하여야 한다.

Ktorého je dnes? [끄또레호 예 드네쓰] 오늘이 며칠이지요?
Koľkého je dnes? [꼴르께호 예 드네쓰] 오늘이 며칠이지요?

1. januára [prvého januára 쁘르베호 야누아라] 1월 1일
2. februára [druhého februára 드루헤호 페브루아라] 2월 2일
3. marca [tretieho marca 뜨레띠에호 마르짜] 3월 3일
15. apríla [pätnásteho apríla 뺏나쓰떼호 아쁘릴라] 4월 15일
20. mája [dvadsiateho mája 드바찌아떼호 마야] 5월 20일
17. júna [sedemnásteho júna 쎄뎀나쓰떼호 유나] 6월 17일
31. júla [tridsiateho prvého júla 뜨리찌아떼호 쁘르베호 율라]
　　　7월 31일

8. augusta [ôsmeho augusta 우오쓰메호 아우구스따] 8월 8일
30. septembra [tridsiateho septembra 뜨리찌아떼호 쎕뗌브라]
9월 30일
25. októbra [dvadsiateho piateho októbra 드바찌아떼호 삐아떼호 옥또브라] 10월 25일
24. novembra [dvadsiateho štvrtého novembra 드바찌아떼호 슈뜨브르떼호 노벰브라] 11월 24일
29. decembra [dvadsiateho deviateho decembra 드바찌아떼호 뎨비아떼호 데쩸브라] 12월 29일

Kedy máte narodeniny? 생일(생신)이 언제입니까?
께디 마떼 나로뎨뉘니

Kedy máš narodeniny? 생일이 언제니?
께디 마슈 나로뎨뉘니

Kedy máte meniny? 당신의 명명일은 언제입니까?
께디 마떼 메뉘니

Kedy máš meniny? 너의 명명일은 언제니?
께디 마슈 메뉘니

슬로바키아에서는 생일 (narodeniny) 외에도 명명일 (meniny)이 있어서 선물이나 꽃 등을 주고 받기도 한다. 달력의 날짜마다 표시된 각각의 이름이 명명일에 해당되는 것이다.

주 Týždeň

Čo je dnes? [쵸 예 드녜쓰] 오늘은 무슨 요일인가요?	Kedy? [께디] 언제?
Dnes je pondelok [드녜쓰 예 뽄델록] 오늘은 월요일이에요.	v pondelok [프뽄델록] 월요일에
utorok [우또록] 화요일	v utorok [브우또록] 화요일에
streda [스뜨레다] 수요일	v stredu [프스뜨레두] 수요일에
štvrtok [슈뜨브르똑] 목요일	vo štvrtok [보슈뜨브르똑] 목요일에
piatok [삐아똑] 금요일	v piatok [프삐아똑] 금요일에
sobota [쏘보따] 토요일	v sobotu [프쏘보뚜] 토요일에
nedeľa [네델랴] 일요일	v nedeľu [브네델류] 일요일에

Odkedy? [오뜨께디] 언제부터? Dokedy? [도께디] 언제까지?

od pondelka do utorka [오뜨뽄델까 도우또르까] 월요일부터 화요일까지

od utorka do stredy [오드우또르까 도스뜨레디] 화요일부터 수요일까지

od stredy do štvrtku [오뜨스뜨레디 도슈뜨브르뜨꾸] 수요일부터 목요일까지

od štvrtku do piatku [오뜨슈뜨브르뜨꾸 도삐아뜨꾸] 목요일부터 금요일까지

od piatku do soboty [오뜨삐아뜨꾸 도쏘보띠] 금요일부터 토요일까지

od soboty do nedele [오뜨쏘보띠 도네델레] 토요일부터 일요일까지

od nedele do pondelka [오드네델레 도뽄델까] 일요일부터 월요일까지

Kedy? [께디] 언제?
jar [야르] 봄, na jar [나야르] 봄에
leto [레또] 여름, v lete [블레떼] 여름에
jeseň [예쎄뉘] 가을, na jeseň [나예쎈느] 가을에
zima [지마] 겨울, v zime [브지메] 겨울에

시간

* Koľko je hodín? [꼴꼬 예 호뒨] **몇 시입니까?**

단수
Je jedna hodina [예 예드나 호뒤나] 1시예요.

복수
Sú dve hodiny [쑤 드베 호뒤니] 2시예요.
Sú tri hodiny [쑤 뜨리 호뒤니] 3시예요.
Sú štyri hodiny [쑤 슈띠리 호뒤니] 4시예요.

복수 소유격(생격)
Je päť hodín [예 뺏 호뒨] 5시예요.
Je šesť hodín [예 쉐스뛰 호뒨] 6시예요.
Je sedem hodín [예 쎄뎀 호뒨] 7시예요.
Je osem hodín [예 오쎔 호뒨] 8시예요.
Je deväť hodín [예 데벳 호뒨] 9시예요.
Je desať hodín [예 데싸뜨 호뒨] 10시예요.

Je jedenásť hodín [예 예데나쓰뜨 호딘] 11시예요.
Je dvanásť hodín [예 드바나쓰뜨 호딘] 12시예요.

* **O koľkej?** [오 꼴께이] **몇 시에?**

30분 단위의 시간을 표현할 때에는 'pol + 서수 (소유격)'를 사용하여, ~시를 향한 30분과 같은 표현이 나타난다. 어휘 pol은 '(절)반' 이라는 의미를 갖고 있으며 전치사 o는 '~시에' 라는 의미를 나타낸다.

o pol druhej [오 뽈 드루헤이]	1:30/13:30에
o pol tretej [오 뽈 뜨레떼이]	2:30/14:30에
o pol štvrtej [오 뽈 슈뜨브르이]	3:30/15:30에
o pol piatej [오 뽈 삐아떼이]	4:30/16:30에
o pol šiestej [오 뽈 쉬에스떼이]	5:30/17:30에
o pol siedmej [오 뽈 씨에드메이]	6:30/18:30에
o pol ôsmej [오 뽈 우오쓰메이]	7:30/19:30에
o pol deviatej [오 뽈 데비아떼이]	8:30/20:30에
o pol desiatej [오 뽈 데씨아떼이]	9:30/21:30에
o pol jedenástej [오 뽈 예데나쓰떼이]	10:30/22:30에
o pol dvanástej [오 뽈 드바나쓰떼이]	11:30/23:30에
o pol jednej [오 뽈 예드네이]	12:30/00:30에

15분 단위로 시간을 표현하는 경우에는 60분을 4분의 1로 나누어 표현하는 방법이 사용된다. 즉, 'štvrť + na + 수사 (대격)'가 사용된다. 이 경우 štvrť는 4분의 1, 즉 15분을 의미하며, 전치사 na는 '~시를 향한', '~시를 향해가는'의 의미를 나타낸다.

예를 들어, štvrť na dve는 2시를 향한 15분, 즉 1시 15분 또는 13시 15분을 의미한다. 그리고 trištvrte na dve의 경우는 2시를 향한 45분 (3 x 15 = 45), 즉 1시 45분이나 13시 45분을 나타낸다.

~시 15분을 표현하는 경우

o štvrť na dve [오 슈뜨브르뛰 나 드베]	1:15/13:15에
o štvrť na tri [오 슈뜨브르뛰 나 뜨리]	2:15/14:15에
o štvrť na štyri [오 슈뜨브르뛰 나 슈띠리]	3:15/15:15에
o štvrť na päť [오 슈뜨브르뛰 나 뺏]	4:15/16:15에
o štvrť na šesť [오 슈뜨브르뛰 나 쉐스뛰]	5:15/17:15에
o štvrť na sedem [오 슈뜨브르뛰 나 쎄뎀]	6:15/18:15에
o štvrť na osem [오 슈뜨브르뛰 나 오쎔]	7:15/19:15에
o štvrť na deväť [오 슈뜨브르뛰 나 데벳]	8:15/20:15에
o štvrť na desať [오 슈뜨브르뛰 나 데쌋뛰]	9:15/21:15에
o štvrť na jedenásť [오 슈뜨브르뛰 나 예데나스뛰]	10:15/22:15에
o štvrť na dvanásť [오 슈뜨브르뛰 나 드바나스뛰]	11:15/23:15에
o štvrť na jednu [오 슈뜨브르뛰 나 예드누]	12:15/00:15에

~시 45분을 표현하는 경우

o trištvrte na dve [오 뜨리슈뜨브르떼 나 드베]	1:45/13:45에
o trištvrte na tri [오 뜨리슈뜨브르떼 나 뜨리]	2:45/14:45에
o trištvrte na štyri [오 뜨리슈뜨브르떼 나 슈띠리]	3:45/15:45에
o trištvrte na päť [오 뜨리슈뜨브르떼 나 뺏]	4:45/16:45에
o trištvrte na šesť [오 뜨리슈뜨브르떼 나 쉐스뛰]	5:45/17:45에
o trištvrte na sedem [오 뜨리슈뜨브르떼 나 쎄뎀]	6:45/18:45에
o trištvrte na osem [오 뜨리슈뜨브르떼 나 오쎔]	7:45/19:45에

o trištvrte na deväť [오 뜨리슈뜨브르떼 나 데벳]	8:45/20:45에
o trištvrte na desať [오 뜨리슈뜨브르떼 나 데싸뜌]	9:45/21:45에
o trištvrte na jedenásť [오 뜨리슈뜨브르떼 나 예데나스뜌]	10:45/22:45에
o trištvrte na dvanásť [오 뜨리슈뜨브르떼 나 드바나스뜌]	11:45/23:45에
o trištvrte na jednu [오 뜨리슈뜨브르떼 나 예드누]	12:45/00:45에

시간을 표현하는 경우 15분 단위나 30분 단위를 사용하지 않고도 기수를 사용하여 표현할 수 있다.

O koľkej vstávate? 오 꼴께이 프스따바떼	몇 시에 기상하십니까?
O koľkej raňajkujete? 오 꼴께이 라냐이꾸예떼	몇 시에 아침식사하세요?
-O siedmej 오 씨에드메이	7시에요.
-(O) sedem desať (오) 쎄뎀 데싿	7시 10분에요.
-(O) sedem pätnásť (오) 쎄뎀 뺏나스뜨	7시 15분에요.
-(O) sedem dvadsať (오) 쎄뎀 드바짯	7시 20분에요.
-(O) sedem tridsať (오) 쎄뎀 뜨리짯	7시 30분에요.
-(O) sedem päťdesiat (오) 쎄뎀 뺏데씨앗	7시 50분에요.

O koľkej idete na obed? 몇 시에 점심식사 하러 가세요?
오 꼴르께이 이데떼 나 오베드

-Presne o 12.00 정확히 12시에요.
쁘레쓰녜 오 드바나스뛰

O koľkej idete spať? 몇 시에 취침하시나요?
오 꼴께이 이데떼 스빳

-O polnoci 자정에요.
오 뿔노찌

슬로바키아어에는 격변화 현상이 있다

슬로바키아어는 굴절어에 속하는 언어이기 때문에 명사, 대명사, 형용사, 수사 등은 문법적으로 다양한 격변화 (declination; deklinácia)를 한다. 따라서 올바른 표현을 하기 위해서는 슬로바키아어에서 나타나는 모든 격들의 단수형, 복수형을 모두 이해하는 것이 그 바탕이 되어야 한다. 처음에는 매우 어렵게 느껴지지만, 결국 이러한 격변화를 통해 슬로바키아어가 매우 과학적인 언어라는 것을 깨닫게 되며, 동시에 정확한 슬로바키아어 구사를 위해 필수적인 부분이다.

1격 : 주격 (nominative; nominatív) : kto? čo?
- 사전에 기재되어 있는 원형이나 문장에서 주어로 사용되는 형태
2격: 소유격/생격 (genitive; genitív) : koho? čeho?
- 소유를 나타내거나 동사가 소유격을 지배하는 동사의 목적어로 사용되거나 소유격을 지배하는 전치사에 후행하여 나타난다.

3격: 여격 (dative; dativ) : komu? čemu?
- ~에게 등과 같은 간접 목적어의 의미를 갖거나 여격을 지배하는 동사의 목적어로 사용되며 여격을 지배하는 전치사에 후행하여 나타난다.

4격: 대격 (accusative; akuzativ) : koho? čo?
- ~을, ~를 등과 같은 직접 목적어의 의미를 갖거나 대격을 지배하는 동사의 목적어로 사용되며 대격을 지배하는 전치사에 후행하여 나타난다.

6격: 전치격 (local; lokál) : (o) kom? (o) čom?
- 항상 전치사와 함께 사용되는 격이며, 어떠한 장소에 있는 것을 나타내거나, 전치격을 지배하는 전치사에 후행하여 나타난다.

7격: 조격 (instrumental; inštrumentál) : kým? čím?
- 어떠한 수단이나, 방법, 도구 등을 나타내거나 조격을 지배하는 동사의 목적어로 또는 조격을 지배하는 전치사에 후행하여 나타난다.

(참고)
5격: 호격 (vocative; vokativ)
- ~씨, ~님, ~야, ~아 등과 같이 누군가를 지칭하거나 호명할 때 사용된다. 현대 슬로바키아어에서는 호격이 거의 사용되지 않으며, 몇몇 어휘에서만 호격의 형태가 남아있다. (človeče!, majstre!, pane!)

슬로바키아어 동사 변화형 Konjugácie slovies
– 현재 시제 Prítomný čas; Prézent

주어에 따라 동사의 어미가 변화한다.

I. 그룹 　　　　II. 그룹 　　　　III. 그룹
동사원형 -ať 　　동사원형 -iť, -eť 　　동사원형 -ovať

	I. hľadať 찾다		II. robiť 하다, 만들다		III. pracovať 일하다	
단수 sg.	(ja) hľadám (ty) hľadáš (on) hľadá (ona) (ono)	-ám -áš -á	robím robíš robí	-ím -íš -í	pracujem pracuješ pracuje	-ujem -uješ -uje
복수 pl.	(my) hľadáme (vy) hľadáte (oni) hľadajú (ony) (ona)	-áme -áte -ajú	robíme robíte robia	-íme -íte -ia	pracujeme pracujete pracujú	-ujeme -ujete -ujú

| IV. 그룹 　　　　V. 그룹
동사원형 -ieť 　　　불규칙 활용형

rozumieť 이해하다		písať 쓰다, 필기하다	
rozumiem rozumieš rozumie	-iem -ieš -ie	píšem píšeš píše	-em -eš -e
rozumieme rozumiete rozumejú	-ieme -iete -ejú	píšeme píšete píšu	-eme -ete -u/-ú

각 그룹별 동사 예제

I. dávať (주다), predávať (팔다), poznať (알다), počúvať (듣다), bývať (거주하다, 살다), plávať (수영하다)···

　예외) mať (갖다, 갖고 있다) - mám, máš, má, máme, máte, majú

II. chodiť (다니다), fajčiť (담배 피우다, 흡연하다), hovoriť (말하다) ···

　예외) myslieť (생각하다) - myslím, myslíš, myslí, myslíme, myslíte, myslia

　　vidieť (보다) - vidím, vidíš, vidí, vidíme, vidíte, vidia

　　spať (잠자다) - spím, spíš, spí, spíme, spíte, spia

　　stáť (서있다) - stojím, stojíš, stojí, stojíme, stojíte, stoja

III. ďakovať (감사하다, 고마워하다), telefonovať (전화하다), obedovať (점심 먹다), študovať (공부하다), kupovať (사다, 구입하다), vysvetľovať (설명하다), budovať (건설하다)···

IV. 예외) niesť (나르다, 운반하다) - nesiem, nesieš, nesie, nesieme, nesiete, nesú

　　vedieť (알다) - viem, vieš, vie, vieme, viete, vedia

　　brať (택하다, 취하다) - beriem, berieš, berie, berieme, beriete, berú

V. piť (마시다) - pijem, piješ, pije, pijeme, pijete, pijú

　myť (씻다) - myjem, myješ, myje, myjeme, myjete, myjú

　ukázať (보여주다, 제시하다) - ukážem, ukážeš, ukáže, ukážeme, ukážete, ukážu

　žiť (살다) - žijem, žiješ, žije, žijeme, žijete, žijú

주요한 불규칙 동사들의 현재형

	byť 이다, 있다	jesť 먹다	ísť 가다, 오다
ja(나)	som	jem	idem
ty(너)	si	ješ	ideš
on(그) ona(그녀) ono(그것)	je	je	ide
my(우리)	sme	jeme	ideme
vy(당신, 여러분들)	ste	jete	idete
oni(그들) ony(그녀들) ona(그것들)	sú	jedia	idú

동사의 부정은 nie + 동사의 활용형이다.

Som študent (나는 학생이다) x Nie som študent (나는 학생이 아니다)

과거 시제 Minulý čas; Préteritum

동사의 과거형은 일반적으로 동사의 원형에서 -ť를 탈락시키고 과거형 어미 -l을 결합시켜 형성된다. 동사의 과거형은 주어의 성, 수에 일치하는 양상을 보이며 과거시제 표현시 byť 동사의 활용형과 함께 사용되지만, 3인칭 단, 복수에서는 byť 동사는 배제된다.

čakať (기다리다)

인칭	단 수	복 수
1.	čakal som(ma) čakala som (f)	čakali sme (ma) čakali sme (f)
2.	čakal si(ma) čakala si (f)	čakali ste(ma) čakali ste (f)
3.	čakal(ma) čakala(f) čakalo(n)	čakali čakali čakali

čítať (읽다) - čítal, čítala, čítalo : čítali
hovoriť (말하다) - hovoril, hovorila, hovorilo : hovorili
robiť (하다, 만들다) - robil, roblila, robilio : robili
spať (잠자다) - spal, spala, spalo : spali

주요한 불규칙 동사들의 과거형

	byť 이다, 있다	jesť 먹다	ísť 가다, 오다
ja	bol som (ma) bola som (f)	jedol som (ma) jedla som (f)	išiel/šiel som (ma) išla/šla som (f)
ty	bol si (ma) bola si (f)	jedol si (ma) jedla si (f)	išiel/šiel som (ma) išla/šla som (f)
on ona ono	bol (m) bola (f) bolo (n)	jedol (m) jedla (f) jedlo (n)	išiel/šiel (m) išla/šla (f) išlo/šlo (n)
my	boli sme	jedli sme	išli/šli sme

vy	boli ste	jedli ste	išli/šli ste
oni ony ona	boli	jedli	išli/šli

-ieť로 끝나는 동사 (-el, -ela, -elo: -eli)
rozumieť (이해하다) - rozumel (m), rozumela (f),
        rozumelo (n) : rozumeli (pl. - m, f, n)
sedieť (앉아 있다) - sedel, sedela, sedelo : sedeli
vidieť (보다) - videl, videla, videlo : videli

-núť로 끝나는 동사 (-nul, -nula, -nulo : -nuli) : 모음에 후행하는 경우
odpočinúť si (휴식하다, 쉬다) - odpočinul si, odpočinula si,
        odpočinulo si : odpočinuli si
uplynúť (시간 등이 흘러가다, 지나가다) - uplynul, uplynula,
        uplynulo : uplynuli

-núť로 끝나는 동사 (-ol, -la, -lo : -li) : 자음에 후행하는 경우
vzniknúť (발생하다, 생겨나다) - vznikol, vznikla, vzniklo : vznikli
padnúť (떨어지다) - padol, padla, padlo : padli

niesť 유형의 동사 (niesol, niesla, nieslo : niesli)
obliecť (옷을 입히다) - obliekol, obliekla, oblieklo : obliekli

viezť (태우고 가다) - viezol, viezla, viezlo : viezli

Včera som bol vo Viedni. 나는 어제 비엔나에 있었다.
Zabudol si na dáždnik. 너는 우산을 잊었다 / 우산을 두고 왔다.

2인칭 단수 존칭에 대한 과거시제는 2인칭 복수처럼 동사의 복수형을 사용한다.
Kde ste boli? 당신(들)은 어디에 계셨습니까?
Zle ste napísali adresu. 당신(들)은 주소를 잘못 기재하셨습니다.

재귀 대명사 sa, si는 문장에서 항상 두 번째에 위치하는 고정어순(záväzný slovosled), 과거시제의 문형에서는 byť 동사 바로 뒤에 위치한다.

Ako sa máte? 어떻게 지내세요?
Tu sa učím. 나는 여기서 배웁니다 / 나는 여기서 공부합니다.
Dajme si kávu. 커피 마십시다.

Po obede som sa učila. 나는 점심 식사 후에 공부했다.
Neučil som sa nič. 나는 아무것도 배우지 않았다 (나는 아무것도 공부하지 않았다)
Prosil som si kávu. 나는 커피를 주문했다.
Dali sme si zmrzlinu. 우리는 아이스크림을 먹었다.

동사 미래형 (완료체 동사와 불완료체 동사)

* 동사의 상 (Slovesný vid)

슬로바키아어 동사의 가장 중요한 특징은 바로 상(相)이다. 상은 상황을 바라보는 방식의 차이를 의미한다. 슬로바키아어 동사는 완료체 동사 (dokonavé sloveso)와 불완료체 동사 (nedokonavé sloveso)로 나뉘어지며, 대부분 상쌍 (slovesná dvojica)을 이루고 있다. 이는 불완료체 동사는 해당 완료체 동사와 쌍을 이루어 존재하고 있다는 것을 의미한다. 따라서 슬로바키아어 동사를 습득하는 경우, 상을 염두에 두고 불완료체 동사와 완료체 동사의 쌍을 이해하여 암기해야 한다.

완료체 동사는 사건을 외부적인 관점에서 바라보며 전체적인 한 덩어리로 보고 동작의 완료, 종결에 초점을 맞춘다.
불완료체 동사는 사건을 내부적인 관점에서 바라보며 상황이나 동작의 진행, 지속, 반복을 나타내고, 동작의 완료나 종결에 대한 언급이 없다.

슬로바키아어의 시제는 과거, 현재, 미래 시제로 나뉘어진다. 동사의 상은 시제와도 밀접한 관련이 있다. 완료체 동사는 과거와 미래시제만을 나타낼 수 있기 때문에, 완료체 동사의 현재형은 현재시제를 나타내는 것이 아니라 미래시제를 나타내는 것이다. 불완료체 동사는 과거, 현재, 미래시제 모두 나타낸다.

완료체 동사는 불완료체 동사로부터 접두사 또는 접미사를 통해 파생된다. 슬로바키아어 사전에 불완료체 동사와 완료체 동사의 관계가 화살표로 표시되는 경우도 있는데, 즉, robiť > urobiť, kupovať > kúpiť 에서 처럼 화살표가 향하고 있는 쪽이 완료체 동사이다.

* **불완료체 동사의 미래시제** (Budúci čas nedokonavých slovies)

불완료체 동사의 미래시제는 'byť 동사의 미래형 + 불완료체 동사 원형'으로 이루어진다. 완료체 동사는 현재형으로 미래시제를 나타내기 때문에, byť 동사와 결합하는 복합형은 형성하지 않는다.

	byť 동사의 미래형		
sg. 1.	budem	pl. 1.	budeme
2.	budeš	2.	budete
3.	bude	3.	budú

Peter študoval v Banskej Bystrici.
뻬떼르는 반스까 비스뜨리짜에서 공부했다.

Peter študuje v Rakúsku.
뻬떼르는 오스트리아에서 공부하고 있다.

Peter bude študovať v Amerike.
뻬떼르는 미국에서 공부할 것이다.

Budem čítať knihu. 나는 책을 읽을 것이다.
Janko bude písať list. 얀꼬는 편지를 쓸 것이다.
Zajtra nebudeme doma. 우리는 내일 집에 없을 것이다.
Nebudeme sa učiť fyziku. 우리는 물리를 배우지 않을 것이다.

정태 동사와 부정태 동사 Determinované slovesá a indeterminované slovesá

정태 동사는 일정한 시간에 일정한 방향으로의 움직임을 의미하며, 부정태 동사는 일정한 방향이나 목적을 갖지 않는 반복적인 동작이나 일반적인 동작을 의미한다. 정태 동사와 부정태 동사는 동작 동사에 해당하며 불완료체 동사의 범주에서 나타난다.

정태동사 determinované slovesá	부정태 동사 indeterminované slovesá
ísť 가다, 오다, 타고 가다/오다	chodiť 다니다, 타고 다니다
bežať 뛰다, 달리다	behať 뛰어다니다
letieť 날다	lietať 날아다니다
niesť 나르다, 운반하다, 가지고 가다	nosiť 가지고 다니다, 입고 다니다, 지니고 다니다
viesť 데리고 가다, 안내하다	vodiť 데리고 다니다
viezť 태우고 가다, 싣고 가다	voziť 태우고 다니다, 싣고 다니다

양상 조동사 Modálne slovesá

양상 조동사들은 본 동사와 함께 사용되어 본 동사가 나타내는 행위나 상태에 대해 화자가 갖는 여러 가지 심적 태도에 관계되는 동사들이다. 슬로바키아어에서 사용되는 양상 조동사들은 다음과 같다. 양상 조동사들에는 동사 원형이 후행한다.

chcieť ~을 원하다.
môcť ~할 수 있다.
musieť ~해야 한다. (강한 의무)
smieť ~해도 된다. (허락, 허가)
mať ~해야 한다. ~하는 것이 낫다 (흔히 의무보다는 권고를 나타낸다)
vedieť ~할 줄 안다.

chcieť	môcť	musiet	smieť	mať	vedieť
chcem	môžem	musím	smiem	mám	viem
chceš	môžeš	musíš	smieš	máš	vieš
chce	môže	musí	smie	má	vie
chceme	môžeme	musíme	smieme	máme	vieme
chcete	môžete	musíte	smiete	máte	viete
chcú	môžu	musia	smú	majú	vedia

Kam chceš ísť? 너 어디(로)가고 싶니?

Chcete schudnúť? 살 빼고 싶으세요?

Večer som iba chcel ísť domov. 저녁에 나도 집에 가고 싶었다.

Môžem tu fajčiť? 제가 여기서 담배 피워도 될까요?

Musíte mať do Austrálie vízum?
호주에 가시려면 비자를 받으셔야 하나요?

Musím vám povedať niečo dôležité.
당신께 무언가 중요한 것을 말씀드려야 합니다.

Museli sme si vziať taxík. 우리는 택시를 타야만 했다.

V piatok smieme chodiť domov skôr.

우리는 금요일에는 집에 일찍 가도 된다.

Mám otvoriť okno? 제가 창문을 열까요?

Mám zapnúť kúrenie? 제가 라디에이터(난방)를 켤까요?

Viem hovoriť po slovensky. 나는 슬로바키아어를 할 줄 압니다.

Vie hrať na klavír. 그(녀)는 피아노를 칠 줄 안다.

Vieš jazdiť na bicykli? 자전거 탈 줄 아니?

* 양상 조동사의 부정형

nechcem	nemôžem	nemusím
나는 원하지 않는다	나는 ~할 수 없다	나는 ~할 필요가 없다. 나는 ~하지 않아도 된다
nesmiem	nemám	neviem
나는 ~해서는 안 된다	나는 ~안해도 된다.	나는 ~할 줄 모른다

전치사 Prepozície

슬로바키아어에서 나타나는 모든 전치사들은 하나 혹은 그 이상의 격을 지배한다.

bez (~없이 + 소유격/생격) káva bez cukru 설탕을 넣지 않은 커피
blízko (~근처에, ~가까이에 + 소유격/생격) blízko parku 공원 근처에
do (~로 + 소유격/생격) do Bratislavy 브라띠슬라바로
od (~로부터 + 소유격/생격) od rána 아침부터

z(o) (~에서, ~로부터 + 소유격/생격) zo Soulu 서울에서

okrem (~을 제외하고 + 소유격/생격) okrem toho 그것을 제외하고

u (~에서 + 소유격/생격) u babičky 할머니 댁에서

k (~에게, ~을 향해 + 여격) k lekárovi 의사에게

kvôli (~을 위해, ~때문에 + 여격) kvôli tebe 너 때문에

pre (~을 위해 + 대격) pre vás 당신을 위해

cez (~을 가로질러 + 대격) cez most 다리를 건너

na (~에, ~으로 + 대격) na poštu 우체국으로

na (~에 + 전치격) na pošte 우체국에

v (~안에, ~에 + 대격) v stredu 수요일에

v (~안에 + 전치격) v Bratislave 브라띠슬라바에

po (~을 따라, ~후에 + 전치격) po obede 점심식사 후에

nad (~위에 + 조격) nad stolom 탁자 위에

pod (~밑에 + 조격) pod stolom 탁자 밑에

pred (~앞에 + 대격) Išiel pred dom 그는 집 앞으로 지나갔다 (동작)

pred (~앞에 + 조격) pred domom 집 앞에 (상태)

za (~뒤에 + 대격) Zasadla za stôl 그녀는 책상 뒤로 앉았다 (동작)

za (~뒤에 + 조격) za zďou 벽 뒤에 (상태)

s (~와 함께, ~을 곁들인) káva s cukrom 설탕 넣은 커피

형용사 Adjektíva

슬로바키아어의 형용사는 수식하는 명사의 성, 수, 격에 일치하는

양상을 보인다. 아래의 도표는 명사와 형용사의 격변화 예이다.

남성 생물 (Ma) - 형용사, 명사 단수와 복수

sg.	용기있는 청년	pl.	용기있는 청년들
N.	statočný chlap	N.	statoční chlapi
G.	statočného chlapa	G.	statočých chlapov
D.	statočnému chlapovi	D.	statočným chlapom
A.	statočného chlapa	A.	statočných chlapov
L.	(o) statočnom chlapovi	L.	(o) statočných chlapoch
I.	statočným chlapom	I.	statočnými chlapmi

남성 무생물(Mi), 여성, 중성 - 형용사, 명사 단수

sg.	오래된 떡갈나무	예쁜 여성	대 도시
N.	starý dub	pekná žena	veľké mesto
G.	starého duba	peknej ženy	veľkého mesta
D.	starému dubu	peknej žene	veľkému mestu
A.	starý dub	peknú ženu	veľké mesto
L.	(o) starom dube	(o) peknej žene	(o) veľkom meste
I.	starým dubom	peknou ženou	veľkým mestom

남성 무생물(Mi), 여성, 중성 - 형용사, 명사 복수

sg.	오래된 떡갈나무들	예쁜 여성들	대 도시들
N.	staré duby	pekné ženy	veľké mestá
G.	starých dubov	pekných žien	veľkých miest
D.	starým dubom	pekným ženám	veľkým mestám

A.	staré duby	pekné ženy	veľké mestá
L.	(o) starých duboch	(o) pekných ženách	(o) veľkých mestách
I.	starými dubmi	peknými ženami	veľkými mestami

인칭 대명사 Osobné zámená

인칭 대명사 단수형 격변화

sg.

N.	ja 나	ty 너	on 그	ona 그녀	ono 그것
G.	ma/mňa	ťa/teba	ho/jeho/ (do)neho/ doňho/doň	jej/(od) nej	ho/jeho/ (do)neho/ doňho/doň
D.	mi/mne	ti/tebe	mu/jemu/ k nemu	jej/(k) nej	mu/jemu/ k nemu
A.	ma/mňa	ťa/teba	jeho/ho/ (za)neho/zaňho/ zaň (ma)	ju/(za) ňu	ho/naň
L.	(o) mne	(o) tebe	(o) ňom	(o) nej	(o) ňom
I.	mnou	tebou	jím/(s) ním	(s) ňou	jím/(s) ním

인칭 대명사 복수형 격변화

pl.

N.	my 우리	vy 당신(들)	oni, ony / ony /ony 그들
G.	nás	vás	ich/(do) nich

D.	nám	vám	im/(k) nim
A.	nás	vás	ich/(za) ne
L.	(o) nás	(o) vás	(o) nich
I.	nami	vami	jimi/(s) nimi

소유 대명사 Privlastňovacie zámená

소유 대명사도 성, 수, 격에 있어 명사에 일치를 보이며, 형용사처럼 격변화한다. 소유 대명사 jeho와 jej는 격변화하지 않는다. 다음의 표는 각 소유 대명사의 단수주격과 복수 주격을 예제로 하여 나타내고 있다.

	남성 생물/무생물 (ma, mi)	여성 (f)	중성 (n)	남성 생물/무생물 복수	여성 복수	중성 복수
나의	môj	moja	moje	moji (ma) moje (mi)	moje	moje
너의	tvôj	tvoja	tvoje	tvoji (ma) tvoje (mi)	tvoje	tvoje
그의	jeho	jeho	jeho	jeho	jeho	jeho
그녀의	jej	jej	jej	jej	jej	jej
우리들의	náš	naša	naše	naši (ma) naše (mi)	naše	naše
당신(들)의	váš	vaša	vaše	vaši (ma) vaše (mi)	vaše	vaše
그들의	ich	ich	ich	ich	ich	ich

소유 대명사 môj, moja, moje 단수 격 변화표

sg.

N.	môj (m)	moja (f)	moje (n)
G.	môjho	mojej	môjho
D.	môjmu	mojej	môjmu
A.	môjho (ma), môj (mi)	moju	moje
L.	(o) mojom	(o) mojej	(o) mojom
I.	mojím	mojou	mojím

소유 대명사 môj, moja, moje 복수 격 변화표

pl.

N.	moji (ma), moje (mi)	moje	moje
G.	mojich	mojich	mojich
D.	mojim	mojim	mojim
A.	mojich (ma), moje (mi)	moje	moje
L.	(o) mojich	(o) mojich	(o) mojich
I.	mojimi	mojimi	mojimi

분수 Zlomky

tretina [뜨레뜨나] 1/3

dve tretiny [드베 뜨레뜨니] 2/3

štvrtina [슈뜨브르뜨나] 1/4

tri štvrtiny [뜨리슈뜨브르뜨니] 3/4

všetci [프쉐뜨찌] / všetko [프쉐뜨꼬] 전원 (사람의 경우) / 전부, 모두

nikto [뉘끄또] / nič [뉘츠] 그 누구도 ~않다 / 아무것도 ~않다.

0.1 nula celá jedna [눌라 쩰라 에드나]

0.5 nula celá päť [눌라 쩰라 뻿]

1.0 jedna celá nula [예드나 쩰라 눌라]

2.2 dve celé dva [드베 쩰레 드바]

1.5 jedna celá päť [예드나 쩰라 뻿]

0.01 nula celá jedna stotina, nula celá nula jedna [눌라 쩰라 예드나 스또뛰나, 눌라 쩰라 눌라 예드나]

0.001 nula celá jedna tisícina, nula celá nula nula jedna [눌라 쩰라 예드나 뛰씨찌나, 눌라 쩰라 눌라 눌라 예드나]

유용한 수량표현 Užitočné váhy a míry

dosť [도스뛰] 충분하게

dvojitý [드보이띠] 더블

dvojité espreso [드보이떼 에스쁘레쏘] 더블 에스프레소

málo [말로] 조금, 약간 (가산 명사에도 사용가능)

menej [메네이] 더 적게

niekoľko [뉘에꼴꼬] 몇몇

pár [빠르] 한 쌍, 한 짝

manželský pár [만쩰스끼 빠르] 부부

príliš [쁘릴리슈] 너무, 지나치게

raz [라쓰] 한 번

ešte raz [에슈떼 라쓰] 한 번 더

dvakrát [드바끄랏] 두 번

trocha [뜨로하] 조금, 약간
tucet [뚜쩻] 다스, 12개 (구어; 상당히 많음)
veľa [벨랴], veľmi [벨미] 굉장히, 아주, 무척
viac [비아쯔], viacej [비아쩨이] 더 많이
desať deka [데쌋 데까] 100그램 (1dekagram은 10그램에 해당한다)
kilo [낄로] 킬로그램
pol kila [뽈 낄라] 반 킬로, 500그램
meter [메떼르] 미터
kilometer [낄로메떼르] 킬로미터
plátok [쁠라똑] 슬라이스
plátok syra [쁠라똑 씨라] 슬라이스 치즈
fľaša [플랴샤] 병
fľaškové pivo [플랴슈꼬베 삐보] 병맥주
plechovka [쁠레호우까] 캔
pivo v plechovke [삐보 프 쁠레호우께] 캔 맥주
pohár [뽀하르] 유리잔
pohár vína [뽀하르 비나] 와인 한 잔

기본 표현들 Základné výrazy

Áno [아노] 예, 네, 그렇습니다. 그래.
Nie [니에] 아니오. 그렇지 않습니다. 아니(야).
Neviem. [네비엠] 모르겠습니다. 모릅니다.
Ďakujem. [댜꾸엠] 감사합니다. 고맙습니다. 고마워.
Prosím. [쁘로씸] 천만에요.

Prepáčte. [쁘레빠츄떼] 미안합니다. 죄송합니다. 실례합니다.
Je mi ľúto. [예 미 류또] 유감입니다.
Ponáhľaj(te) sa! [뽀나흘랴이(떼) 싸] 서둘러 (서두르세요)
Rýchlo! [리흘레] 빨리
Pomaly! [뽀말리] 천천히
Nehovorím po slovensky. [네호보림 뽀 슬로벤스끼]
  나는 슬로바키아어를 할 줄 모릅니다.
Hovoríte po anglicky? [호보리떼 뽀 앙글리쯔끼] 영어를 하십니까?
Hovorte pomalšie, prosím. [호보르떼 뽀말쉬에 쁘로씸]
  천천히 말씀해 주세요.
Môžem tu fajčiť? [무오쉠 뚜 파이췻] 여기서 담배 피워도 됩니까?
Nerozumiem. [네로주미엠] 이해하지 못하겠습니다. 이해가 안됩니다.
Vítame vás [비따메 바쓰] 환영합니다.
Dobrú chuť. [도브루 훗뜨] 맛있게 드세요. 맛있게 먹어. 많이 드세요.
  많이 먹어.
Som smädný (smädná) [쏨 스매드니 (스매드나)]
  나는 목이 마릅니다.(m/f)
Som hladný (hladná). [쏨 흘라드니 (흘라드나)] 나는 배가 고픕니다.
Mám ťa rád (rada). [맘 땨 라뜨(라다)] 나는 너를 좋아해. (m/f)
Mám vás rád (rada). [맘 바쓰 라뜨(라다)]
  나는 당신을 좋아합니다. (m/f)
Ľúbim ťa. [류빔 땨] 나는 너를 사랑해.
Ľúbim vás. [류빔 바쓰] 나는 당신을 사랑합니다.
Muž [무슈] 남자
Žena [쮀나] 여자

II. 슬로바키아어 회화표현

01 만날 때 인사 Pri stretnutí

Dobrý deň.
도브리 덴

○ 안녕하세요 (아침부터 늦은 오후까지 사용 가능한 인사말)

Dobrý deň, pán Novák!
도브리 덴 빤 노박

○ 노박 씨 안녕하세요!

Dobrý deň, pani Nováková!
도브리 덴 빠뉘 노박꼬바

○ 노박꼬바 부인 안녕하세요!

Dobrý deň, slečna Nováková!
도브리 덴 슬레츄나 노박꼬바

○ 노박꼬바 양 안녕하세요!

Dobré ráno.
도브레 라노

○ 안녕하세요 (아침인사)

Dobrý večer.
도브리 베췌르

○ 안녕하세요 (저녁인사)

Ako sa máte?
아꼬 싸 마떼

○ 어떻게 지내세요?

Ako sa máš?
아꼬   싸   마슈

○ 어떻게 지내니?

Ďakujem, výborne.
댜꾸옘   비보르녜

○ 고마워(요). 아주 잘 지내(요).

Ďakujem, mám sa dobre.
댜꾸옘   맘   싸   도브레

○ 고마워(요). 잘 지내(요)

Ďakujem, mám sa fajn.
댜꾸옘   맘   싸   파인

○ 고마워(요). 잘 지내(요)

Ďakujem, mám sa veľmi dobre.
댜꾸옘   맘   싸   벨미   도브레

○ 고마워(요). 아주 잘 지내(요)

Ujde to, ďakujem.
우이데   또   댜꾸옘

○ 그럭저럭 지내(요), 고마워(요)

Ďakujem. Nie je to najhoršie.
댜꾸옘   니에 예 또 나이호르쉬에

○ 고마워(요), 그렇게 나쁘진 않아(요).

Celkom dobre. A vy?
쩰꼼   도브레   아 비

○ 그런대로 잘 지내고 있어요. 당신은요?

Ahoj!
아호이

○ 안녕 (친한 사이에서 만날 때 혹은 헤어질 때 하는 인사)

Ahojte všetci!
아호이떼 프쉐뜨찌

○ 모두들 안녕!

Ahojte kamaráti!
아호이떼 까마라뛰

○ 친구들아 안녕!

Čau!
차우

○ 안녕! (친한 사이에서 만날 때 혹은 헤어질 때 하는 인사)

Čaute všetci!
차우떼 프쉐뜨찌

○ 모두들 안녕!

유용한 표현 Užitočné výrazy

Ako sa vám darí v práci?
아꼬 싸 밤 다리 프 쁘라찌

○ 하시는 일은 잘 되어가는지요?

Ako sa ti darí v práci?
아꼬 싸 뛰 다리 프 프라찌

○ 하는 일은 잘 되어가니?

Ako sa darí doma?
아꼬   싸   다리   도마

○ 댁에는 별고 없으신지요?

Ako sa darí rodine?
아꼬   싸   다리   로뒤네

○ 가족들은 어떻게 지내나요?

Ako sa voláte?
아꼬   싸   볼라떼

○ 성함이 어떻게 됩니까?

Ako sa voláš?
아꼬   싸   볼라슈

○ 이름이 뭐니?

Volám sa U Ri BÄ.
볼람   싸   우리   배

○ 제 이름은 배우리입니다.

Toto je moja vizitka.
또또   에   모야   비지뜨까

○ 제 명함입니다.

Som rád (rada), že vás vidím.
쏨   라드 (라다)   줴   바쓰   비딤

○ 뵙게 되어 기쁩니다.

Som rád (rada), že ťa vidím.
쏨   라드 (라다)   줴   따   비딤

○ 보게 되어 기쁘다.

Mám radosť, že vás vidím.
맘   라도스뛰   줴 바쓰 비뎜

○ 뵙게 되어 기쁩니다.

Mám radosť, že ťa vidím.
맘   라도스뛰   줴 땨 비뎜

○ 보게 되어 기쁘다.

Teší ma, že vás vidím.
떼쉬 마 줴 바쓰 비뎜

○ 만나 뵙게 되어 반갑습니다.

Teší ma, že ťa vidím.
떼쉬 마 줴 땨 비뎜

○ 만나서 반가워

Rád by som Vám predstavil svoju priateľku
라드 비 쏨 밤 쁘레드스따빌 스보유 쁘리아뗄꾸

(manželku / kolegyňu).
(만줼꾸 /   꼴레기뉴)

○ 제 여자 친구 (아내/동료)를 소개시켜드리고자 합니다.

Rada by som Vám predstavila svojho priateľa
라다 비 쏨 밤 쁘레드스따빌라 스보이호 쁘리아뗄랴

(manžela / kolegu).
(만줼라 /   꼴레구)

○ 제 (남자)친구 (남편/동료)를 소개시켜드리고자 합니다.

Teší ma.
떼쉬 마

○ 반가워요.

Už som o vás veľa počul(a).
우슈 쏨 오 바쓰 벨랴 뽀츌(라)

◐ 당신에 관해 말씀 많이 들었습니다.

Myslím, že sme sa už niekde stretli.
미슬림 줴 즈메 싸 우슈 뉘에그데 스뜨레뜰리

◐ 언제 한 번 뵌 적이 있는 것 같은데요.

Vítame vás.
비따메 바쓰

◐ 환영합니다.

유용한 단어 Užitočné slová

pán [빤] ~씨, ~님 (남성의 성, 이름, 직위 앞에 붙이는 호칭)
pani [빠뉘] ~부인, ~여사 (기혼 여성의 성, 이름, 직위 앞에 붙이는 호칭)
slečna [슬레츄나] ~양 (미혼 여성의 성, 이름 앞에 붙이는 호칭)
manžel [만줼] / manželka [만줼까] 남편 / 아내
kamarát [까마라뜨] / kamarátka [까마라뜨까] 친구 / 여자친구
priateľ [쁘리아뗄] / priateľka [쁘리아뗄까] 남자 친구 (애인) / 여자 친구 (애인)
kolega [꼴레가] / kolegyňa [꼴레기냐] (직장의) 동료 / 여자동료
vizitka [비지뜨까] 명함

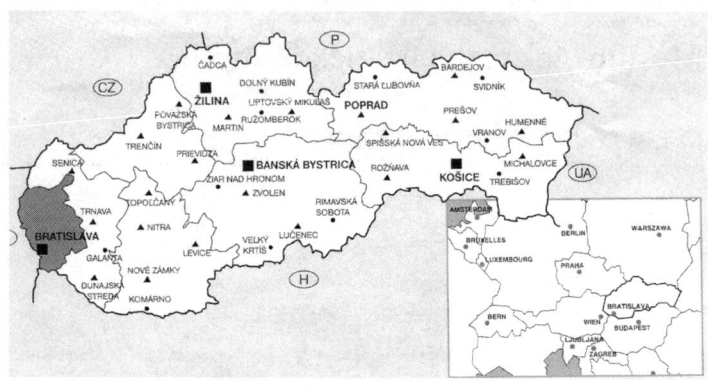

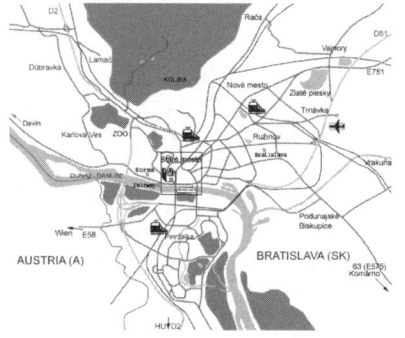

02 헤어질 때 인사 Pri rozchode

Dovidenia.
도비데뉘아

○ 안녕히 계세요. 안녕히 가세요.

Zbohom
즈보홈

○ 안녕히 계세요. 안녕히 가세요. (아주 오랫동안 헤어질 때 작별인사)

Do skorého videnia.
도　스꼬레호　　비데뉘아

○ 조만간 다시 만납시다. 조만간 다시 만나자.

Čoskoro opäť dovidenia.
쵸스꼬로　　오뺏　　도비데뉘아

○ 조만간 다시 봅시다 (봐요).

Dobrú noc!
도브루　　노쯔

○ 안녕히 주무세요! 잘 자!

Majte sa pekne.
마이떼　싸　뻬끄네

○ 잘 지내세요.

Maj sa pekne.
마이　싸　뻬끄네

○ 잘 지내.

Tešilo ma.
떼쉴로 마

● (만나 뵈어) 반가웠어요.

Bohužiaľ, už musím ísť.
보후쥐알르 우슈 무씸 이슷뜨

● 유감스럽게도, 이제 가야 해요.

Bolo to milé porozprávať sa s vami.
볼로 또 밀레 뽀로즈쁘라밧 싸 스 바미

● 당신과 얘기 나누어 즐거웠어요.

Dávajte na seba pozor a veľa šťastia.
다바이떼 나 쎄바 뽀조르 아 벨랴 슈땨스뛰아

● 잘 지내시고 (몸조심하시고) 행운이 가득하길 바랍니다.

유용한 표현 Užitočné výrazy

Pozdravujem všetkých kamarátov.
뽀즈드라부옘 프쉐뜨끼흐 까마라또우

● 모든 친구들에게 안부 전합니다.

Pozdravujte rodinu.
뽀즈드라부이떼 로뒤누

● 당신 가족에게 안부 전해주세요.

Tešilo ma, že som sa s vami stretol.
떼쉴로 마 줴 쏨 싸 스 바미 스뜨레똘

● 만나뵙게 되어 반가웠습니다.

Som rád, že som sa s vami stretol.
쏨 라드 줴 쏨 싸 스 바미 스뜨레똘

◐ 만나뵙게 되어 기뻤습니다/반가웠습니다.

Teším sa na opätovné stretnutie.
쎼쉼 싸 나 오뻬또브네 스뜨레뜨누뛰에

◐ 다시 만나기를 (재회를) 기대합니다.

Dúfam, že sa opäť skoro zídeme.
두팜 줴 싸 오뼷 스꼬로 지뎨메

◐ 조만간 우리 다시 만나게 되길 바랍니다.

Uvidíme sa zase zajtra.
우비뒤메 싸 자쎄 자이뜨라

◐ 내일 다시 만나(요). 내일 다시 봅시다.

Uvidíme sa cez víkend.
우비뒤메 싸 쩨즈 비껜뜨

◐ 주말에 만나(요). 주말에 봅시다.

03 간단한 질문들 Jednoduché otázky

Kto je to?
끄또 예 또

◯ 그(녀)는 누구입니까?

Kto je ten starý pán?
끄또 예 뗀 스따리 빤

◯ 저 연로한 신사분은 누구입니까?

- To je pán Kovár.
또 예 빤 꼬바르

◯ 그분은 (이분은) 꼬바르 씨입니다.

- To je môj manžel.
또 예 무오이 만젤

◯ 그는 (이 사람은) 내 남편입니다.

Kto je tá mladá pani?
끄또 예 따 믈라다 빠니

◯ 저 젊은 부인은 누구입니까?

- To je pani Marcinčová.
또 예 빠뉘 마르찐쵸바

◯ 그분은 (이분은) 마르찐쵸바 부인입니다.

- To je moja manželka.
또 예 모야 만젤까

◯ 그녀는 (이 사람은) 내 아내입니다.

Kto je tá pekná slečna?
끄또 예 따 뻬끄나 슬레츄나

● 저 예쁜 아가씨는 누구입니까?

- To je slečna Nováková.
또 예 슬레츄나 노박꼬바

● 그분은 (이분은) 노박꼬바 양입니다.

Čo je to?
쵸 예 또

● 이것은 무엇입니까?

Odkiaľ ste?
오뜨끼알 스떼

● 어느 나라에서 오셨습니까?

Odkiaľ si?
오뜨끼알 씨

● 어느 나라에서 왔니?

Som z Južnej Kóree (z Kórejskej republiky).
쏨 즈 유쥬네이 꼬레에 (스 꼬레이스께이 레뿌블리끼)

● 한국에서 왔어요.

Som Kórejčan. (Som Kórejčanka)*.
쏨 꼬레이찬 (쏨 꼬레이촹까)

● 나는 한국사람이에요.

> Kórejčanka (꼬레이촹까)는 한국여성 (한국여자)을 의미한다.

Hovoríte po anglicky?
호보리떼　　뽀　앙글리쯔끼

◯ 영어를 하십니까?

Hovoríte po slovensky?
호보리떼　　뽀　슬로벤스끼

◯ 슬로바키아어를 하십니까?

Hovorím trochu po slovensky.
호보림　　　뜨로후　　뽀　슬로벤스끼

◯ 저는 슬로바키아를 조금 합니다.

Hovoríte po kórejsky?
호보리떼　　뽀　꼬레이스끼

◯ 한국어를 하십니까?

Hovoríte po nemecky?
호보리떼　　뽀　녜몌쯔끼

◯ 독일어를 하십니까?

Neviem.
녜비엠

◯ 나는 모릅니다.

Nerozumiem.
녜로주미엠

◯ 나는 이해하지 못합니다. / 이해가 안 됩니다.

Hovorte pomalšie, prosím.
호보르떼　　뽀말쉬에　　　쁘로씸

◯ 천천히 말씀해 주십시오.

Kde bývate?
그데 비바떼

❯ 어디에 사세요?

Bývam v Bratislave.
비밤 브 브라띠슬라베

❯ 브라띠슬라바에 살아요.

Bývam v Prahe.
비밤 프 쁘라헤

❯ 프라하에 살아요.

Bývam v Soule.
비밤 프 쏘울레

❯ 서울에 살아요.

유용한 단어 Užitočné slová

štátna príslušnosť [슈따뜨나 쁘리슬루슈노스뜨] 국적

Kórejská republika (Južná Kórea)
[꼬레이스까 레뿌블리까 (유쥬나 꼬레아)]
대한민국, 한국
Anglicko [앙글리쯔꼬] 영국
Austrália [아우스뜨랄리아] 호주

Belgicko [벨기쯔꼬] 벨기에
Česko [췌스꼬] 체코

Kórejec [꼬레예쯔] 한국인
Kórejka [꼬레이까] 한국 여자
Kórejčan(ka) [꼬레이촨(까)] 한국인
Angličan(ka) [앙글리촨(까)] 영국인
Australan(ka) [아우스뜨랄란(까)] 호주인

Belgičan(ka) [벨기촨(까)] 벨기에인
Čech [췌흐] 체코인
Češka [췌슈까] 체코 여자

Čína [취나] 중국
Dánsko [단스꼬] 덴마크
Francúzsko [프란쭈스꼬] 프랑스
Grécko [그레쯔꼬] 그리스

Írsko [이르스꼬] 아일랜드
Japonsko [야뽄스꼬] 일본

Kanada [까나다] 캐나다
Maďarsko [마댜르스꼬] 헝가리
Nemecko [네메쯔꼬] 독일

Poľsko [뽈스꼬] 폴란드

Rakúsko [라꾸스꼬] 오스트리아

Rusko [루스꼬] 러시아
Škótsko [슈꼿스꼬] 스코틀랜드
Slovensko [슬로벤스꼬] 슬로바키아

Španielsko [슈빠니엘스꼬] 스페인

Spojené štáty americké
[슈뽀예네 슈따띠 아메리쯔께] 미국
Taliansko [딸리안스꼬] 이탈리아

Číňan(ka) [취냔(까)] 중국인
Dán(ka) [단(까)] 덴마크인
Francúz(ka) [프란쭈스(까)] 프랑스인
Grék [그렉] 그리스인,
Grékyňa [그렉끄냐] 그리스 여자

Ír(ka) [이르(까)] 아일랜드인
Japonec [야뽀네쯔] 일본인
Japonka [야뽕까] 일본 여자

Kanaďan [까나댠(까)] 캐나다인
Maďar(ka) [마댜르(까)] 헝가리인
Nemec [네메쯔] 독일인
Nemka [넴까] 독일 여자

Poliak [뽈리악] 폴란드인
Poľka [뽈르까] 폴란드 여자

Rakúšan(ka) [라꾸샨(까)]
    오스트리아인

Rus(ka) [루쓰(까)] 러시아인
Škót(ka) [슈꼿뜨(까)] 스코틀랜드인
Slovák [슬로박] 슬로바키아인
Slovenka [슬로벵까] 슬로바키아 여자

Španiel(ka) [슈빠뉘엘(까)]
    스페인 사람

Američan(ka) [아메리촨(까)] 미국인

Talian(ka) [딸리안(까)] 이탈리아인

04 감사인사 하기 Ako sa poďakovať

Prepáčte, kde je nákupné centrum?
쁘레빠츄떼   그데 에 나꾸쁘네   쩬뜨룸

○ 실례지만, 쇼핑센터가 어디입니까?

Predposledná budova na ulici.
쁘레뜨뽀슬레드나   부도바   나 울리찌

○ 거리 끝에서 두 번째 건물입니다.

Ďakujem.
댜꾸옘

○ 감사합니다.

Prosím*. / To je v poriadku.
쁘로씸   또 예 프 뽀리아뜨꾸

○ 별말씀을요. 괜찮습니다.

Prosím [쁘로씸]은 매우 다양한 뜻이 있다. 감사인사에 대해 '괜찮습니다' 라는 표현으로, 상대방의 말을 이해하지 못했거나 다시 한 번 말해주기를 원하는 경우에도 사용할 수 있으며, 상대방이 요청한 물건을 건네주며 '여기 있습니다' 라는 표현으로, 상점에 들어가서 점원 등을 부를 때도 사용하거나, 영어의 please에 해당하는 표현으로 사용하거나, 전화 받을 때 haló [할로] 대신에 prosím [쁘로씸]을 사용할 수도 있다.

Prosím ťa, prines mi noviny.
쁘로씸   땨   쁘리네쓰 미   노비니

○ 미안하지만, 신문 좀 가져다 줘.

Nech sa páči.
네흐 싸 빠취

● 여기 있어(요).

Ďakujem.
댜꾸엠

● 고마워.

Pán Novák, je tento digitálny fotoaparát Váš?
빤 노박 예 뗀또 디기탈니 포또아빠랏 바슈

● 노박 씨, 이 디지털 카메라 당신 것입니까?

Áno, ďakujem pekne.
아노 댜꾸엠 뻬끄네

● 네. 대단히 감사합니다.

Prosím.
쁘로씸

● 천만에요.

Zaveziem vás domov, ak chcete.
자베지엠 바쓰 도모우 악 흐쩨떼

● 원하시면, 댁에까지 모셔다 드릴게요.

To je od vás veľmi milé. Ďakujem pekne.
또 예 오드 바쓰 벨미 밀레 댜꾸엠 뻬끄네

● 너무도 친절하시군요. 정말 고마워요.

S radosťou.
즈 라도스뜨우

● 기꺼이 해드려야죠.

Všetko najlepšie k narodeninám. Tu je malý
프쉐뜨꼬　나이렙쉬에　끄 나로데니남　　뚜　예 말리

darček pre teba.
다르쳌　　쁘레 떼바

○ 생일 축하해(요). 여기에 너를 위한 작은 선물이 있어.

Je to od teba milé, veľmi pekne ďakujem.
예　또　오뜨　떼바　밀레　벨미　　뻬끄네　댜꾸옘

○ 네 호의 정말 너무 고맙다.

To nestojí za reč.
또　네스또이　자　레츄

○ 천만에(요).

Môžem vám pomôcť s týmto kufrom?
무오젬　　밤　쁘무오쯔뜨 스 띰또　　꾸프롬

○ 이 수트케이스 옮기는 것 도와드릴까요? (이 수트케이스 들어드릴까요?)

Nie, ďakujem.
니에　　댜꾸옘

○ 아니오, 고맙습니다.

To je v poriadku, neunúvajte sa. Nejako si s
또　예 프 뽀리아뜨꾸　　네우누바이떼　싸　네야꼬　씨 스

tým poradím. Ďakujem.
띰　　뽀라딤　　댜꾸옘

○ 괜찮아요, 성가시게 해드리고 싶지 않습니다. 제가 알아서 하죠. 고마워요.

Vzhľad človeka (브즈흘랴뜨 츌로베까) 사람의 외모

Vy ste veľmi pôvabné (atraktívne) dievča.
비 스떼 벨미 뿌오바브네 (아뜨락띠브네) 뒤에우챠

🟢 당신은 매우 우아한 (매력적인) 아가씨입니다.

Ty si veľmi pôvabné (atraktívne) dievča.
띠 씨 벨미 뿌오바브네 (아뜨락띠브네) 뒤에우챠

🟢 너는 매우 우아한 (매력적인) 아가씨야.

Ďakujem za kompliment.
댜꾸엠 자 꼼플리멘뜨

🟢 찬사(칭찬)에 감사드려요.

Dnes vyzeráte veľmi pekne (dobre).
드녜쓰 비제라떼 벨미 뻬끄네 (도브레)

🟢 오늘은 당신이 무척 예뻐보입니다.

Dnes vyzeráš veľmi pekne (dobre).
드녜쓰 비제라슈 벨미 뻬끄네 (도브레)

🟢 오늘은 너가 무척 예뻐보여.

Vyzeráte pekne vo všetkom, čo nosíte.
비제라떼 뻬끄네 보 프쉣뜨꼼 쵸 노씨떼

🟢 당신에겐 모든 옷이 멋지게 어울리는군요 (당신은 뭘 입어도 예쁘군요).

Vyzeráš pekne vo všetkom, čo nosíš.
비제라슈 뻬끄네 보 프쉣뜨꼼 쵸 노씨슈

🟢 네겐 모든 옷이 멋지게 어울려 (너는 뭘 입어도 예뻐).

Vyzeráte elegantne s týmto účesom.
비제라떼 엘레간뜨네 스 띰또 우췌쏨

○ 당신의 헤어 스타일이 우아해 보입니다.

Vyzeráš elegantne s týmto účesom.
비제라슈 엘레간뜨네 스 띰또 우췌쏨

○ 네 헤어 스타일이 우아해 보여.

Ste krásna žena.
스떼 끄라쓰나 줴나

○ 당신은 아름다운 여성입니다.

Rád by som sa s vami stretol.
라드 비 쏨 싸 즈 바미 스뜨레똘

○ 당신과 만나고 싶습니다.

Ona nie je veľmi pekná, ale je milá a priateľská.
오나 뉘에 예 벨미 뻬끄나 알레 예 밀라 아 쁘리아뗄스까

○ 그녀는 아주 예쁘지는 않지만 사랑스럽고 친절해요.

Je samá kosť a koža.
예 싸마 꼬슷뛰 아 꼬좌

○ 그(녀)는 체격이 지나치게 말랐어요.

Je škaredý/-á.
예 슈까레디/슈까레다

○ 그(녀)는 못 생겼어요.

Je tučný/-á.
예 뚜츄니/뚜츄나

○ 그(녀)는 뚱뚱해요.

04 감사인사하기

Je chudý/-á.
예   후디/후다

➲ 그(녀)는 말랐어요.

Si pekná a štíhla.
씨   뻬끄나   아   슈뛰흘라

➲ 너는 예쁘고 날씬해.

Rozličné želania (로즐리츄네 쥌라뉘아) 다양한 기원들

Gratulujem!
그라뚤루엠

➲ 축하합니다!

Všetko najlepšie k narodeninám!
프쉐뜨꼬   나이렙쉬에   끄   나로데뉘남

➲ 생일 축하해(요)!

Všetko najlepšie k meninám!
프쉐뜨꼬   나이렙쉬에   끄   메뉘남

➲ 명명일을 축하해(요)!

Prajem Vám krásne prežitie sviatkov.
쁘라엠   밤   끄라쓰네   쁘레쥐뛰에   스비아뜨꼬우

➲ 명절 잘 보내세요.

Prajem Vám sladké sny.
쁘라엠   밤   슬라뜨께   스니

➲ 달콤한 꿈 꾸세요.

Prajem Vám pekný deň!
쁘라엠   밤   뻬끄니   뎬

● 좋은 하루 되세요!

Želám Vám veselé Vianoce a úspešný štart do nového roku.
젤람   밤   베셀레   비아노쩨   아   우스뻬슈니   슈따르뜨   도
노베호   록꾸

● 즐거운 크리스마스와 성공적인 새해의 출발을 기원합니다.

Veselé Vianoce a šťastný nový rok!
베셀레   비아노쩨   아   슈땨스뜨니   노비   록

● 즐거운 크리스마스와 복된 새해를 기원합니다!

Želám Vám veľa šťastia!
젤람   밤   벨랴   슈땨스뛰아

● 큰 행운을 기원합니다!

Držím Vám palce!
드르쥠   밤   빨쩨

● 파이팅! (상대방의 용기를 북돋워 주거나 성공을 기원할 때)

Prajem Vám veľa zdravia!
쁘라엠   밤   벨랴   즈드라비아

● 귀하의 건강을 기원합니다!

Želám Vám veľa úspechov v štúdiu.
젤람   밤   벨랴   우스뻬호우   프   슈뚜디우

● 귀하의 학업에 많은 성취가 있기를 기원합니다.

04 감사인사하기

Želám Vám veľa úspechov v práci.
젤람 밤 벨랴 우스뻬호우 프 쁘라찌

● 귀하의 업무에 대단한 성과가 있기를 기원합니다.

Želám Vám veľa úspechov v živote.
젤람 밤 벨랴 우스뻬호우 브 쥐보떼

● 귀하의 삶에 성공이 가득하기를 기원합니다.

Všetko najlepšie, veľa zdravia, šťastia, lásky,
프쉐뜨꼬 나이렙쉬에 벨랴 즈드라비아 슈땨스뛰아 라스끼

peňazí.
뻬냐지

● 모든 것이 잘 되고 건강하고 행운, 사랑, 돈이 함께 하기를 기원합니다.

유용한 표현 Užitočné výrazy

Ďakujem za pomoc.
댜꾸엠 자 뽀모쯔

● 도움에 감사드립니다. 도와줘서 고마워.

Za pomoc vopred ďakujem.
자 뽀모쯔 보쁘레드 댜꾸엠

● 도움에 우선 감사드립니다.

Ďakujem za radu.
댜꾸엠 자 라두

● 충고(조언)에 감사드립니다.

Ďakujem za odpoveď, je mi potešením si s
vami emailovať.

○ 답변 감사해요, 당신과 이메일로 연락하는 것이 제겐 즐겁습니다.

Ďakujem. Je to od vás nesmierne láskavé.

○ 감사합니다. 너무도 친절하시네요.

Ďakujem vám mnohokrát za vašu pohostinnosť.

○ 융숭한 대접(접대)에 감사합니다. 환대해주셔서 감사합니다.

Prosím poďakujte za mňa pánu Novákovi.

○ 저를 대신해서 노박 씨에게 감사인사 전해주세요.

Som vám veľmi zaviazaný/-á.

○ (당신께) 신세 많이 졌습니다 (당신께 감사한 마음 가지고 있습니다).

Ešte raz vám veľmi pekne ďakujem a želám
vám príjemný deň.

○ 다시 한 번 깊이 감사드리며 즐거운 하루 되기를 바랍니다.

Ďakujem vám, že ste mi pomohli aj v tých
댜꾸엠   밤   줴 스떼 미 뽀모흘리 아이 프 띠흐
najťažších chvíľach.
나이땨쥬쉬흐   흐빌랴흐

○ 가장 어려운 순간에도 저를 도와 주심에 감사드립니다.

Veľmi pekne ďakujem za odpoveď.
벨미   뻬끄네   댜꾸엠   자   오뜨뽀베뜨

○ 답변 (답장)에 무척 감사드립니다.

Ďakujem vám za pomoc a za prejavenú dôveru
댜꾸엠   밤   자 뽀모즈 아 자 쁘레야베누   두오베루
a lásku.
아 라스꾸

○ 당신의 도움에 감사드리며, 신뢰와 사랑의 표현에도 감사 드립니다.

Nerobte si starosti, nakoniec všetko dobre
네로쁘떼   씨 스따로스뛰   나꼬뉘에쯔   프쉐뜨꼬   도브레
dopadne.
도빠드네

○ 걱정하지 마세요 (염려 마세요), 결국 모든 것이 잘 될거예요.

05 다양한 사과표현
Rozličné ospravedlnenia

Prepáčte. / Pardón.
쁘레빠츄떼   빠르돈

➲ 미안합니다, 죄송합니다, 실례합니다.

Nič sa nestalo.
뉘츄 싸 네스딸로

➲ 괜찮습니다.

Je mi ľúto, že idem neskoro.
예 미 류또 줴 이뎀 네스꼬로

➲ 늦어서 죄송합니다.

To je v poriadku. Podte ďalej.
또 예 프 쁘리아드꾸   뽀뜨떼 댤레이

➲ 괜찮습니다. 들어오세요.

Prepáčte, že vás obťažujem.
쁘레빠츄떼   줴 바쓰 옵땨쥬엠

➲ 성가시게 해서 죄송합니다. 번거롭게 해서 죄송합니다.

Ale nie, to je v poriadku.
알레 뉘에 또 예 프 쁘리아드꾸

➲ 아니에요. 괜찮아요.

Ospravedlňujem sa, že volám tak neskoro v noci.
오스쁘라베들뉴엠   싸 줴 볼람 딱 네스꼬로 브 노찌

➲ 이렇게 밤 늦게 전화해서 죄송해요.

Na tom nezáleží, veď nie je až tak neskoro.
나 똠 녜잘레쥐 베드 늬에 예 아슈 딱 녜스꼬로

◐ 상관없어요, 그렇게 늦지도 않은걸요.

Bohužiaľ (Je mi ľúto), zajtra nemôžem prísť.
보후쥐알 (예 미 류또) 자이뜨라 녜무오쉠 쁘리숫뜨

Mám veľa práce.
맘 벨라 쁘라쩨

◐ 불행하게도 (유감이지만), 난 내일 올 수 없어. 난 할 일이 너무 많아.

Bohužiaľ (Je mi ľúto), nemôžem ísť s tebou na
보후쥐알 (예 미 류또) 녜무오쉠 이숫뜨 스 떼보우 나

obed.
오베드

◐ 불행하게도 (유감이지만), 너와 점심식사 하러 갈 수가 없어.

Už som si objednal(a) občerstvenie a pizzu.
우슈 쏨 씨 옵예드날(라) 옵췌르스뜨베뉘에 아 삐쭈

◐ 난 가벼운 음식과 피자를 벌써 주문했거든.

Prepáčte, že vyrušujem.
쁘레빠츄떼 줴 비루슈엠

◐ 방해해서 죄송합니다.

Vôbec nevyrušujete.
부오베쯔 녜비루슈예떼

◐ 방해하시는 게 전혀 아닙니다.

Určite nevyrušujem? Prídem inokedy, ak sa
우르취떼 녜비루슈엠 쁘리뎀 이노께디 악 싸

vám to nehodí.
밤   또   네호뒤

◐ 제가 방해하는 건 아니겠지요? 시간이 (여건이) 안 되면 다른 때 올 게요.

Nie, teraz sa mi to celkom hodí.
뉘에 떼라쓰 싸 미 또 쩰꼼   호뒤

◐ 아니에요, 제가 지금 마침 시간이 (여건이) 됩니다.

Veľmi sa vám ospravedlňujem, že som vám
벨미 싸 밤   오스쁘라베들뉴엠   줴 쏨 밤

spôsobil všetky tieto ťažkosti.
스뿌오쏘빌 프쉐뜨끼 뛰에또 땨쥬꼬스뛰

◐ 귀하께 이 모든 어려움을 끼치게 되어 깊이 사과드립니다.

Priniesli ste mi ten notebook, ktorý ste mi sľúbili?
쁘리뉘에슬리 스떼 미 뗀 노뜨북   끄또리 스떼 미 슬류빌리

◐ 제게 약속하신 그 노트북 가져오셨습니까?

Je mi strašne ľúto, ale zabudol som ho v
예 미 스뜨라슈네 류또 알레 자부돌   쏨 호 프

kancelárii. Nehnevajte sa, prosím vás.
깐쩰라리이   네흐네바이떼 싸 쁘로씸   바쓰

◐ 정말 유감인데, 사무실에 그걸 깜빡 잊고 왔습니다. 그래도 화내진 마세요.

Rozličné pocity (로즐리츄네 뽀찌띠) 자신의 느낌에 관한 다양한 표현들

Mám dobrú náladu.
맘　　도브루　　날라두

● 기분이 좋아요.

Mám veľkú radosť.
맘　　벨꾸　　라도슷뛰

● 정말 기쁘군요. 너무도 기뻐요.

Mám zlú náladu.
맘　　즐루　　날라두

● 기분이 좋지 않아요.

Keď mám zlú náladu, nemám chuť absolútne na nič.
께뛰　맘　즐루　날라두　　네맘　　홋뛰　압솔루뜨네　　나
뉘츄

● 기분이 좋지 않을 때면, 난 전혀 의욕이 없어진답니다.

Som veselý/-á.
쏨　　베쎌리/베쎌라

● 즐거워요.

Je mi smutno (Som smutný/-á).
예　미　스무뜨노　　(쏨　스무뜨니/스무뜨나)

● 슬퍼요. 우울해요. 울적해요.

Je mi ľúto.
예　미　류또

● 유감이군요. 안됐군요.

Nudím sa!
누뒴 싸

◯ 지루해요! 따분해요!

Som ospalý/-á.
쏨 오스빨리/오스빨라

◯ 졸려요.

Som unavený/-á.
쏨 우나베니/우나베나

◯ 피곤해요.

Som nahnevaný/-á.
쏨 나흐네바니/나흐네바나

◯ 화가 나는군요.

Som osamelý/-á.
쏨 오싸멜리/오싸멜라

◯ 외로워요.

Som zamilovaný/-á do teba.
쏨 자밀로바니/자밀로바나 도 떼바

◯ 난 너에게 푹 빠졌어 (난 너와 사랑에 빠졌어).

Som šťastný/-á.
쏨 슈땨스뜨니/슈땨스뜨나

◯ 행복해요.

Som prekvapený/-á.
쏨 쁘레끄바뻬니/쁘레끄바뻬나

◯ 놀라워요 (긍정적 의미의 놀라움).

Som šokovaný/-á.
쏨 쇼꼬바니/쇼꼬바나

○ 충격 받았어요. 충격적이군요.

Nenávidím ťa!
네나비듬 쨔

○ 난 네가 싫어!

Je mi zima.
예 미 지마

○ 추워요.

Je mi horúco.
예 미 호루쪼

○ 더워요.

Je mi teplo.
예 미 떼쁠로

○ 따뜻해요. 포근해요.

유용한 표현 Užitočné výrazy

Dovolíte, chcel(a) by som prejsť.
도볼리쩨 흐쩰(라) 비 쏨 쁘레이슷뜨

○ 실례지만, 잠시 지나갈게요 / 실례지만, 잠깐 비켜주세요 (사람이 많은 장소에서)

Ospravedlňte ma na chvíľu, hneď som späť.
오스쁘라베들뉘쩨 마 나 흐빌류 흐네뛰 쏨 스뺏

○ 잠시 실례하겠습니다. 금방 돌아올게요. (급한 용무나 잠시 화장실 등을 다녀올 경우 사용하는 표현)

Odpusťte, už sa to viac nestane.
오뜨뿌스뛰떼 우슈 싸 또 비아쯔 네스따네

○ 용서하세요, 다시는 이런 (그런) 일이 없을 거예요.

Nemusíte sa ospravedlňovať.
네무씨떼 싸 오스쁘라베들뇨밧

○ 사과하실 필요 없어요.

Chcem sa ospravedlniť, že som sa nevhodne správal.
흐쩸 싸 오스쁘라베들닛 줴 쏨 싸 네브호드네
스쁘라발

○ 제가 부적절하게 행동한 점 사과드리고 싶습니다.

06 사물에 대한 요청 Žiadanie o vec

Mohli by ste nás odfotiť?
모홀리 비 스떼 나쓰 오뜨포띳뜨

○ 사진 좀 찍어 주시겠어요?

Prosím vás, podali by ste mi noviny?
쁘로씸 바쓰 뽀달리 비 스떼 미 노비니

○ 실례지만, 제게 신문 건네주시겠습니까?

Áno (Iste).
아노 (이스떼)

○ 예. (그럼요.)

Už ste si prečítali raňajšie noviny? Môžem si
우슈 스떼 씨 쁘레취딸리 라냐이쉬에 노비니 무오쉠 씨
ich vziať?
이흐 브지앗

○ 벌써 조간신문 다 읽으셨습니까? 제가 가져가도 될까요?

Môžete.
무오줴떼

○ 그러시죠.

Prosím ťa, daj mi ten časopis.
쁘로씸 땨 다이 미 뗀 촤쏘삐쓰

○ 미안한데, 그 잡지 나한테 줘.

Tu je (Nech sa páči).
뚜 예 (녜흐 싸 빠취)

○ 여기 있어.

Prosím ťa, požičaj mi zapaľovač.
쁘로씸 땨 뽀쥐챠이 미 자빨료바츄

> 미안한데, 라이터 좀 빌려줘.

Nech sa páči.
네흐 싸 빠취

> 여기 있어.

Podáte mi soľ, prosím vás?
뽀다쪠 미 쏠 쁘로씸 바쓰

> 미안하지만, 소금 좀 건네주시겠어요?

Nech sa páči.
네흐 싸 빠취

> 여기 있습니다.

Mohol by som vás požiadať o liek proti bolesti hlavy?
모홀 비 쏨 바쓰 뽀쥐아닷 오 리엑 쁘로띠 볼레스띠 흘라비

> 두통약 좀 부탁드릴 수 있을까요?

Iste.
이스쩨

> 그럼요.

Prosím ťa, požičaj mi 100 euro, zajtra ti ich vrátim.
쁘로씸 땨 뽀쥐챠이 미 스또 에우로 자이뜨라 띠 이흐 브라찜

> 미안하지만, 나한테 100유로 빌려주라. 내일 갚을게.

Áno, mám veľa peňazí.
아노 맘 벨랴 뻬냐지

○ 응, 나 돈 많이 있어.

Bohužiaľ, teraz nemám peniaze.
보후쥐알 떼라즈 네맘 뻬뉘아제

○ 유감이지만, 지금 난 돈이 없어.

Nemám ani halier.
네맘 아뉘 할리에르

○ 난 돈이 땡전 한푼도 없어.

Môžeš mi požičať nožnice?
무오줴슈 미 뽀쥐챳 노쥬늬쩨

○ 내게 가위 빌려 줄 수 있니?

Nech sa páči.
네흐 싸 빠취

○ 여기 있어.

Potrebujete pomoc? / Potrebujem pomoc.
뽀뜨레부예떼 뽀모쯔 뽀뜨레부엠 뽀모쯔

○ 도움이 필요하세요? / 나는 도움이 필요해요.

Potrebujem tú veľkú škatuľu.
뽀뜨레부엠 뚜 벨꾸 슈까뚤류

○ 저는 그 큰 상자가 필요해요.

Tu je.
뚜 예

○ 여기 있습니다.

Stratil(a) som kľúč od domu. Mohli by ste mi
스뜨라띨(라) 쏨 끌류츄 오드 도무 모홀리 비 스떼 미
zavolať zámočníka?
자볼랏 자모츄늬까

◯ 집 열쇠를 잃어버렸어요. 제게 열쇠공을 불러주실 수 있으신지요?

Áno, iste.
아노 이스떼

◯ 예, 그러지요.

Potrebujem napísať email, ale mám zavírený
뽀뜨레부옘 나삐샷 이메일 알레 맘 자비레니
počítač.
뽀취따츄

◯ 이메일을 써야 하는데, 제 컴퓨터가 바이러스에 걸렸어요.

Mohol by som chvíľu používať váš počítač?
모홀 비 쏨 흐빌류 뽀우쥐밧 바슈 뽀취따츄

◯ 당신의 컴퓨터를 잠시 사용할 수 있을까요?

Samozrejme.
싸모즈레이메

◯ 물론이죠.

Nemohol by som dostať pohár vody? Som
네모홀 비 쏨 도스땃 뽀하르 보디 쏨
strašne smädný.
스뜨라슈네 스메드니

◯ 물 한 잔 마실 수 없을까요? 제가 너무 목이 마르네요.

Samozrejme. Chcete do toho ľad?
싸모즈레이메 흐쩨떼 도 또호 랴뜨

◯ 물론이죠. 얼음 넣어드릴까요?

Áno, ďakujem.
아노 댜꾸옘

◯ 예, 고맙습니다.

Nechcete radšej pomarančový džús s ľadom?
녜흐쩨떼 라뜨쉐이 뽀마란쵸비 쥬쓰 즈 랴돔

◯ 얼음 넣은 오렌지 주스 드시는 편이 낫지 않겠어요?

Nie, ďakujem.
뉘에 댜꾸옘

◯ 아니오, 고맙습니다.

Prosím vás, mohli by ste otvoriť dvere?
쁘로씸 바쓰 모흘리 비 스떼 오뜨보릿 드베레

◯ 문 열어주시겠어요?

Prosím ťa, mohol by si zatvoriť okno?
쁘로씸 땨 모홀 비 씨 자뜨보릿 오끄노

◯ 창문 닫아줄 수 있겠니?

Áno, samozrejme.
아노 싸모즈레이메

◯ 응 (예), 물론이지(요).

유용한 표현 Užitočné výrazy

Tlmočili by ste mi?
뜰모췰리 비 스떼 미

> 통역해 주시겠어요?

Ako je to po slovensky?
아꼬 예 또 뽀 슬로벤스끼

> 슬로바키아어로 이건 뭐라고 하나요?

Poďte sem.
뽀뜨떼 쎔

> 이리로 오세요.

Poď sem.
뽀뜨 쎔

> 이리 와.

Sadnite si, prosím vás.
싸드니떼 씨 쁘로씸 바쓰

> 앉으세요.

Sadni si, prosím ťa.
싸드니 씨 쁘로씸 따

> 앉아.

Mlč! (Zavri si ústa!)
믈츄! (자브리 씨 우스따)

> 조용히 해! 입다물어!

Nevrav hlúposti!
네브라우   흘루쁘스뛰

● 바보 같은 소리 하지마!

Myslím, že nie.
미슬림   줴 뉘에

● 나는 그렇게 생각하지 않아요. 그렇지 않다고 생각해요.

Pozor!
뽀조르

● 조심해! 조심하세요! 주의하세요!

07 초대 : 수락, 거절
Pozvanie : prijímanie, odmietanie

Pôjdeš so mnou na kávu?
뿌오이데슈 쏘 므노우 나 까부

➡ 나하고 커피 한잔 하러 갈래?

Nepôjdeš s nami na pohár vína?
네뿌오이데슈 즈 나미 나 뽀하르 비나

➡ 우리하고 와인 한잔 하러 안 갈래?

Rád(a), ďakujem.
라뜨(라다)   댜꾸옘

➡ 좋아, 고마워.

Bohužiaľ, nemám čas.
보후쥐알   네맘   촤쓰

➡ 유감스럽게도, 난 시간이 없어.

Poď so mnou na pivo.
뽀뛰 쏘 므노우 나 삐보

➡ 나하고 맥주 한잔 하러 가자.

Pozývam ťa na pivo.
뽀지밤   땨 나 삐보

➡ 내가 너한테 맥주 한잔 살게.

To je dobrý nápad!
또 예 도브리   나빧

➡ 그거 좋은 생각이다!

Nudím sa doma. Nepôjdeš so mnou na prechádzku?
누뜀 싸 도마 네뿌오이데슈 쏘 므노우 나
쁘레핫쓰꾸

◯ 집에 있으니 지루해. 나하고 산책하러 가지 않을래?

Bohužiaľ, teraz mám veľa práce.
보후쥐알 떼라쓰 맘 벨랴 쁘라쩨

◯ 유감스럽지만, 지금 난 할 일이 많아.

Poďme na diskotéku!
뽀뒤메 나 디스꼬떼꾸

◯ 우리 디스코텍에 가자!

Perfektné! Ideme.
뻬르펙뜨네 이데메

◯ 멋진데! 가자.

Nehnevaj sa, ale dnes nie. Poďme tam v sobotu.
녜흐녜바이 싸 알레 드녜쓰 니에 뽀뒤메 땀 프 쏘보뚜

◯ 기분 나빠하지 마, 하지만 오늘은 안 되겠어. 토요일에 거기 가자.

Pôjdeš dnes večer so mnou na rande?
뿌오이데슈 드녜쓰 베췌르 쏘 므노우 나 란데

◯ 오늘 저녁에 나하고 데이트 할래?

Dobre. Kam pôjdeme?
도브레 깜 뿌오이데메

◯ 좋아. 우리 어디로 갈까?

Nehnevaj sa, radšej nie. Dnes večer sa mi
녜흐녜바이 싸 라뜨쉐이 니에 드녜쓰 베췌르 싸 미

nechce ísť von.
네흐쩨 이슷뛰 본

○ 기분 나빠하진 마, 안 가는 게 낫겠어. 오늘 저녁에 난 외출하고 싶지 않아.

Čo by si radšej robil - pôjdeš na futbal, alebo
쵸 비 씨 라뜨쉐이 로빌 뿌오이뎨슈 나 풋뜨발 알레보

zostaneš doma?
조스따네슈 도마

○ 너 뭐하고 싶어? 축구 보러 갈래, 아니면 집에 머물러 있을래?

Radšej pôjdem na futbal.
라뜨쉐이 뿌오이뎸 나 풋뜨발

○ 난 축구 보러 가겠어.

Radšej zostanem doma a večer idem ku
라뜨쉐이 조스따넴 도마 아 베췌르 이뎀 꾸

kamarátovi.
까마라또비

○ 난 차라리 집에 있다가 저녁에 친구집에 갈래.

Nechcela by si isť so mnou zajtra večer do kina?
네흐쩰라 비 씨 이슷뛰 쏘 므노우 자이뜨라 베췌르 도 끼나

○ 내일 저녁에 나하고 영화관에 가지 않을래?

Áno.
아노

○ 그래

Je mi ľúto, zajtra večer nemôžem, ale ďakujem
예 미 류또 자이뜨라 베췌르 네무오쩸 알레 댜꾸옘

za pozvanie.
자 쁘즈바뉘에

▶ 유감이지만, 내일 저녁엔 갈 수 없어. 하지만 초대해줘서 고마워.

Nešla by si so mnou dnes večer na operu
네슐라 비 씨 쏘 므노우 드녜스 베췌르 나 오뻬루

'Magická flauta'?
마기쯔까 플라우따

▶ 오늘 저녁에 나하고 오페라 '마술피리' 보러 가지 않을래?

Mám dva lístky.
맘 드바 리스뜨끼

▶ 나한테 표 두 장이 있거든.

Rada. Ďakujem za pozvanie.
라다 댜꾸엠 자 쁘즈바뉘에

▶ 좋아. 초대해줘서 고마워.

To je od teba veľmi milé, ale dnes sa necítim
또 예 오뜨 뗴바 벨미 밀레 알레 드녜쓰 싸 녜찌띰
najlepšie.
나이렙쉬에

▶ 너 정말 친절하구나, 하지만 난 오늘 컨디션이 별로 좋지 않아.

Rád by som ťa pozval zajtra do reštaurácie na
라뜨 비 쏨 땨 쁘즈발 자이뜨라 도 레슈따우라찌에 나
večeru.
베췌루

▶ 내일 너를 레스토랑에 저녁식사 초대하고 싶어.

Ďakujem za pozvanie.
댜꾸옘 자 뽀즈바뉘에

◯ 초대해줘서 고마워.

Rád(a) by som, ale zajtra doma budem mať
라뜨(라다) 비 쏨 알레 자이뜨라 도마 부뎀 맛

návštevu z cudziny.
나우슈뗴부 스 쭈지니

◯ 가고는 싶지만 내일 우리집에 외국에서 손님이 오셔.

Možno niekedy inokedy.
모쥬노 뉘에께디 이노께디

◯ 언제 다음에 가자.

Príďte v piatok k nám.
쁘리뜨뗴 프 삐아똑 끄 남

◯ 금요일에 우리집에 오세요.

Príďte k nám na víkend.
쁘리뜨뗴 끄 남 나 비껜드

◯ 주말에 우리집에 오세요.

Skvelé, prídem. Už sa teším.
스끄벨레 쁘리뎀 우슈 싸 떼쉼

◯ 좋아요. 갈게요. 벌써부터 기대되는데요.

Je mi ľúto (Bohužiaľ), v piatok nemôžem, idem
예 미 류또 (보후쥐알) 프 삐아똑 네무오쉠 이뎀

na chatu.
나 하뚜

◯ 유감이지만 (아쉽게도), 금요일엔 갈 수 없어요. 별장에 떠나거든요.

07 초대 ·· 수락 · 거절

Môžete prísť pozajtra na rozlúčkový večierok
무오줴떼 쁘리슷뜨 뽀자이뜨라 나 로즐루츄꼬비 베취에록

pre slečnu U Ri BÄ?
쁘레 슬레츄누 우리 배

◐ 모레 배우리 양 송별회에 오실 수 있어요?

Rád (Rada) prídem.
라뜨 (라다) 쁘리뎀

◐ 기꺼이 가지요.

Obávam sa, že pozajtra nebudem mať dosť času.
오바밤 싸 줴 뽀자이뜨라 네부뎀 맛 도스뛰 챠쑤

◐ 제가 모레 시간이 별로 없을 것 같아 걱정스럽군요.

Škoda, že ste ma nepozvali skôr.
슈꼬다 줴 스떼 마 네뽀즈발리 스꾸오르

◐ 저를 더 (미리) 일찍 초대해주시지 않아 유감입니다 (아쉽군요).

유용한 표현 Užitočné výrazy

Bolo to od vás veľmi milé, že ste ma pozvali.
볼로 또 오드 바쓰 벨미 밀레 줴 스떼 마 뽀즈발리

◐ 저를 초대해주셔서 정말 감사드려요.

Bolo to od teba veľmi milé, že si ma pozval(a).
볼로 또 오드 떼바 벨미 밀레 줴 씨 마 뽀즈발(라)

◐ 초대해줘서 정말 고마워.

Prídem s radosťou.
쁘리뎀 즈 라도스쨔우

○ 기꺼이 (흔쾌히) 갈게요.

Zastavte sa niekedy.
자스따프쩨 싸 늬에꼐디

○ 언제 한번 들르세요.

Zastav sa niekedy.
자스따프 싸 늬에꼐디

○ 언제 한번 들러.

Aké máte koníčky?
아께 마쩨 꼬늬츄끼

○ 취미가 무엇입니까?

Aký šport máte najradšej?
아끼 슈포르뜨 마쩨 나이라뜨쉐이

○ 어떤 스포츠를 가장 좋아하세요?

Akú hudbu máte rád/rada?
아꾸 후드브 마쩨 라뜨/라다

○ 어떤 음악을 좋아하세요?

Daj(te) mi pokoj!
다이(쩨) 미 뽀꼬이

○ 날 좀 가만히 내버려 둬 (내버려 두세요)!

유용한 단어 Užitočné slová

ráno [라노] 아침
noc [노쯔] 밤
doobedie [도오베디에], dopoludnie [도뽈루드니에] 오전
poobedie [뽀오베디에], odpoludnie [오뜨뽈루드니에], popoludní [뽀뽈루드니]
오후

polnoc [뽈노쯔] 자정
nabudúce [나부두쩨] 다음에
potom [뽀똠] 나중에
zajtra [자이뜨라] 내일
včera [프췌라] 어제

večer [베췌르] 저녁
poludnie [뽈루드니에] 정오

minule [미눌레] 지난번에
teraz [떼라쓰] 지금
dnes [드네쓰] 오늘
pozajtra [뽀자이뜨라] 모레
predvčerom [쁘레드프췌롬] 그저께

minulý týždeň [미눌리 띠쥬뎬느] 지난 주
budúci týždeň [부두찌 띠쥬뎬느] 다음 주
minulý mesiac [미눌리 메씨아쯔] 지난 달
budúci mesiac [부두찌 메씨아쯔] 다음 달
tohto roku [또호또 록꾸] 올해
vlani [블라니] 지난해(에), 작년(에)
ďalší rok [달쉬 록] 내년, 다음해
predvlani [쁘레드블라니] 2년 전, 지지난해
voľný čas [볼니 촤쓰] 여가시간
čajovňa [촤요브냐] (다양한 차를 전문으로 하는) 찻집
cukráreň [쭈끄라렌느] (케익, 사탕, 과자, 커피, 차 등을 함께 파는) 제과점
diskotéka [디스꼬떼까] 디스코텍
divadlo [뒤바들로] (오페라, 연극 등이 상연되는) 극장
kaviareň [까비아렌느] 커피숍, 카페
reštaurácia [레슈따우라찌아] 레스토랑, 식당
kino [끼노] 영화관
pozvánka [뽀즈방까] 초대장

minulý rok [미눌리 록] 지난해, 작년
budúci rok [부두찌 록] 내년

koncert [꼰쩨르뜨] 콘서트
návšteva [나우슈떼바] 방문

rande [란데] 데이트
rozlúčkový večierok [로즐루츄꼬비 베취에록] 송별회, 환송회
uvítací večierok [우비따찌 베취에록] 환영회
vináreň [비나렌느] 와인 레스토랑

[Druhy športu (드루히 슈뽀르뚜) 스포츠 종류]
atletika [아뜰레띠까] 육상
beh [베흐] 달리기
futbal [풋뜨발] 축구
golf [골프] 골프
gymnastika [김나스띠까] 체조
hádzaná [하드자나] 핸드볼
horolezectvo [호롤레제쯔뜨보] 등산
jazda na bicykli [야즈다 나 비찌글리] 자전거타기
jazda na koni [야즈다 나 꼬늬] 승마
basketbal [바스께뜨발] 농구
lukostreľba [루꼬스뜨렐르바] 양궁
lyžovanie [리죠바뉘에] 스키
pingpong [삥뽕] 탁구
plávanie [쁠라바뉘에] 수영
synchronizované plávanie [씬흐로니조바네 쁠라바뉘에] 싱크로나이즈드 스위밍
tenis [떼니쓰] 테니스
volejbal [볼레이발] 배구

[Hudobné nástroje (후도브네 나스뜨로예) 악기]
akordeon [아꼬르데온] 아코디언
bubon [부본] 드럼
fagot [파곳] 바순
flauta [플라우따] 플루트
gitara [기따라] 기타
harfa [하르파] 하프
harmonika [하르모니까] 하모니카
hoboj [호보이] 오보에
husle [후슬레] 바이올린
klarinet [끌라리넷] 클라리넷
klavír [끌라비르] 피아노
kontrabas [꼰뜨라바쓰] 콘드라베이스
saxofón [싹쏘폰] 섹서폰
trúbka [뜨루쁘까] 트럼펫
varhany [바르하니] 파이프 오르간
viola [비올라] 비올라
violončelo [비올론첼로] 첼로
bicie nástroje [비찌에 나스뜨로예] 타악기
dychové nástroje [디호베 나스뜨로예] 관악기
strunové nástroje [스뜨루노베 나스뜨로예] 현악기

08 레스토랑에서 V reštaurácii

Kam pôjdeme na večeru?
깜　　뿌오이데메　나　　베췌루

◯ 저녁 먹으러 우리 어디로 갈까(요)?

Poznám jednu dobrú grécku reštauráciu tu nablízku.
뽀즈남　　예드누　도브루　그레쯔꾸　　레슈따우라찌우　뚜
나블리스꾸

◯ 여기서 가까운 괜찮은 그리스 레스토랑 하나 알고 있어(요).

Varia tiež vegetariánske jedlo?
바리아　띠에쥬　베게따리안스께　　예들로

◯ 채식주의자용 식사도 요리하나요?

Áno, iste.
아노　이스떼

◯ 그럼(요).

Príma, poďme tam.
쁘리마　　뽀뒤메　땀

◯ 좋아(요), 거기로 가자 (갑시다).

Eva, všetko najlepšie k narodeninám*.
에바　프쉐뜨꼬　나이렙쉬에　끄　나로데뉘남

◯ 에바, 생일 축하해.

> *** 슬로바키아에서는 생일 (narodeniny) 외에도 명명일 (meniny) 역시 특히 여성에게 있어 중요하니, 달력을 보고 각 이름에 해당하는 날짜를 기억해 두었다가 꽃, 초콜릿 등과 같은 작은 선물을 하는 관습이 있다.

104

Poznáš nejakú francúzsku reštauráciu v Starom
뽀즈나슈 네야꾸 프란쭈스스꾸 레슈따우라찌우 프 스따롬
meste?
메스떼

○ 스따레 메스또에 있는 프랑스 식당 어디 아는 곳 있어?

Áno, už som tam dvakrát bola.
아노 우슈 쏨 땀 드바끄랏 볼라

○ 응, 난 그곳에 벌써 두 번이나 가봤어

Je veľmi pekná, ale príliš drahá. Hrá tam aj živá
에 벨미 뻬끄나 알레 쁘릴리슈 드라하 흐라 땀 아이 쥐바
hudba. Nájdime si niečo lacnejšie.
후드바 나이뒤메 씨 뉘에쵸 라쯔네이쉬에

○ 아주 멋진 곳이지만, 너무 비싸. 거긴 생음악도 연주되거든. 우리 더 저렴한 곳을 찾아보도록 하자.

To nevadí, mám dosť peňazí.
또 네바뒤 맘 도스뜨 뻬냐지

○ 상관없어 (괜찮아), 난 돈이 충분히 있으니까.

Čo si dáme na obed? Je tu niekde reštaurácia?
쵸 씨 다메 나 오베드 예 뚜 녜그데 레슈따우라찌아

○ 우리 점심 뭐 먹을까(요)? 여기 어디 식당 있어(요)?

Tu blízko je nejaká pizzeria. Majú aj
뚜 블리스꼬 예 녜야까 삐쩨리아 마유 아이
donáškovú službu.
도나슈꼬부 슬루쥬부

○ 여기 가까운 곳에 무슨 피제리아가 있거든. 배달 서비스도 해줘.

Výborne. Objednajme si Boloňské špagety,
비보르네 옵예드나이메 씨 볼론스께 슈빠게띠

Špagety po Milánsky, Paradajkovú pizzu,
슈빠게띠 뽀 밀란스끼 빠라다이꼬부 삐쭈

Pikantnú kuraciu pizzu.
삐깐뜨누 꾸라찌우 삐쭈

◐ 잘됐다. 볼로냐 스파게티, 밀라노식 스파게티, 토마토 피자, 매콤한 닭고기 피자 주문하자.

Večer ťa zoberiem do reštaurácie 'Arkádia'.
베췌르 땨 조베리엠 도 레슈따우라찌에 아르까디아

◐ 저녁에 너를 '아르까디아' 레스토랑에 데려갈게.

Super! Ešte som nebola v žiadnej nóbl reštaurácii
쑤뻬르 에슈떼 쏨 네볼라 브 쥐아드네이 노블 레슈따우라찌이

v Bratislave, chcela by som sa tam ísť pozrieť.
브 브라띠슬라베 흐쩰라 비 쏨 싸 땀 이스뗘 뽀즈리엣

◐ 굉장한데! 난 브라띠슬라바의 최고급 레스토랑엔 한 번도 간 적이 없거든, 구경하러 가고 싶어.

Pripime si na naše šťastie a náš úspech!
쁘리삐메 씨 나 나쉐 슈땨스뗘에아 나슈 우스뻬흐

◐ 우리의 행운과 성공을 위해 건배하자 (건배합시다)!

Na zdravie!
나 즈드라비에

◐ 건배!

Do dna!
도 드나

◐ 원샷!

Na ex!
나 엑쓰

○ 원샷! (젊은이들 사이의 표현)

Dám si škótsku so sódou. / Dám si vodku.
담 씨 슈꼿스꾸 쏘 쏘도우 담 씨 보뜨꾸

○ 저는 스카치 소다로 하겠습니다. / 저는 보드카로 하겠습니다.

Malú alebo veľkú, pane*?
말루 알레보 벨꾸 빠네

○ 작은 잔으로 하시겠습니까, 큰 잔으로 하시겠습니까, 손님?

남성에 대해 직업 앞에 붙이거나 손윗사람, 고객 등에 대한 경칭

Veľkú.
벨꾸

○ 큰 잔으로 주세요.

Prosím vás, máte voľný stôl pre štyri osoby?
쁘로씸 바쓰 마떼 볼니 스뚜올 쁘레 슈띠리 오쏘비

○ 네 사람이 앉을 만한 빈 테이블 있습니까?

Áno (Samozrejme), a máte rezerváciu?
아노 (싸모즈레이메) 아 마떼 레제르바찌우

○ 예 (물론이죠), 예약은 하셨습니까?

Nie.
니에

○ 아니오.

Máte šťastie, pri okne je jeden voľný stôl.
마떼 슈따스뛰에 쁘리 오끄네 예 예덴 볼니 스뚜올

➡ 운이 좋으시네요, 창가에 빈 테이블 하나 있거든요.

Ďakujem pekne. Pán hlavný, jedálny lístok,
댜꾸엠 뻬끄네 빤 흘라브니 예달니 리스똑

prosím.
쁘로씸

➡ 정말 감사합니다. 웨이터, 메뉴 부탁합니다.

Prosím, pane.
쁘로씸 빠네

➡ 예, 손님.

Objednali ste si, pane?
옵예드날리 스떼 씨 빠네

➡ 주문하시겠습니까, 손님?

Môžete nám odporučiť tradičné slovenské jedlo?
무오줴떼 남 오드뽀루칫 뜨라디츄네 슬로벤스께 예들로

➡ 우리에게 슬로바키아 전통 음식을 추천해주실 수 있습니까?

Iste. Ako slovenskú špecialitu vám odporúčam
이스떼 아꼬 슬로벤스꾸 슈뻬찌알리뚜 밤 오뜨보루참

'bryndzové halušky'*.
브린드조베 할루슈끼

➡ 예. 저희 슬로바키아 전통 음식 특선으로 브린조베 할루슈끼를 추천합니다.

*** Bryndzové halušky [브린드조베 할루슈끼]는 슬로바키아의 전통요리로 감자전분으로 만든 파스타와 양치즈 그리고 베이컨을 곁들여 만든다.

Niečo na pitie?
뉘에쵸 나 삐뛰에

🔵 음료는 뭘로 드시겠습니까?

Dáme si pivo, Zlatý bažant svetlé a tmavé.
다메 씨 삐보 즐라띠 바좐뜨 스베뜰레 아 뜨마베

Jedno biele a červené víno Hubert. Aj jednu
예드노 비엘레 아 췌르베네 비노 후베르뜨 아이 예드누

minerálku s ľadom, prosím.
미네랄꾸 즈 라돔 쁘로씸

🔵 맥주로 하지요. 즐라띠 바죤뜨 밝은색 맥주와 흑맥주 주시고, 후베르뜨 백포도주와 적포도주 하나씩 주시구요. 얼음 넣은 미네랄 워터도 한 잔 주세요.

Čo si dáte ako predjedlo?
쵸 씨 다떼 아꼬 쁘레드예들로

🔵 전채요리로는 무엇을 드시겠습니까?

Vybrali sme si krevetový koktail, údeného lososa
비브랄리 즈메 씨 끄레베또비 꼭따일 우데네호 로쏘싸

s kaviárovou penou, pečenú šunku s vajcom, vyprá-
스 까비아로보우 뻬노우 뻬췌누 슝꾸 스 바이쫌 비쁘라

žané krevety s (pikantnou) diabolskou omáčkou*.
좌네 끄레베띠 즈 삐깐뜨노우 디아볼스꼬우 오마츄꼬우

🔵 새우 칵테일, 캐비어를 곁들인 훈제 연어, 달걀을 곁들여 구운 햄, (매콤한) 악마의 소스를 곁들여 튀긴 새우를 골랐습니다.

*** 새콤한 오이, 다진 마늘과 양파, 타바스코, 케첩, 간장을 섞어 만드는 새콤하고도 매콤한 소스의 일종

08 레스토랑에서

Želáte si polievku?
젤라떼 씨 뽈리에우꾸

➲ 수프 드시겠습니까?

Áno, dvakrát šampiňónovú krémovú a dvakrát
아노 드바끄랏 샴삐뇨노부 끄레모부 아 드바끄랏

hovädzí vývar s rezancami, prosím.
호베지 비바르 즈 레잔짜미 쁘로씸

➲ 예, 양송이 크림수프 두 개하고 면이 들어있는 쇠고기 수프 두 개 주세요.

Čo si dáte ako hlavné jedlo?
쵸 씨 다떼 아꼬 흘라브네 예들로

➲ 본 요리로는 무엇을 드시겠습니까?

Bryndzové halušky so slaninou, morčacie prsia
브린드조베 할루슈끼 쏘 슬라뉘노우 모르차찌에 쁘르씨아

na šampiňónoch so zemiakovými kroketami,
나 샴삐뇨노흐 소 제미악꼬비미 끄로께따미

biftek so šunkou a vajcom so zemiakovými
비프땍 쏘 슝꼬우 아 바이쫌 조 제미악꼬비미

hranolkami, pstruha na rošte s varenými
흐라놀까미 쁘스뜨루하 나 로슈떼 스 바레니미

zemiakmi. A dáme si ešte štyrikrát miešaný šalát.
제미아끄미 아 다메 씨 에슈떼 슈띠리끄랏 미에샤니 샬랏

➲ 베이컨을 곁들인 브린조베 할루슈끼, 양송이와 감자 크로켓을 곁들인 칠면조 가슴살, 프렌치 프라이와 햄과 달걀을 곁들인 비프 스테이크, 삶은 감자를 곁들인 그릴한 송어를 들겠습니다. 그리고 믹시드 샐러드 4개 주시구요.

Chcete ten biftek dobre prepečený, stredne
흐쩨떼 뗀 비프땍 도브레 쁘레뻬췌니 스뜨레드네

prepečený alebo krvavý?
쁘레뻬췌니 알레보 끄르바비

○ 비프 스테이크 웰던, 미디엄 혹은 래어 중 어떤 걸로 해드릴까요?

Stredne prepečený, prosím.
스뜨레드네 쁘레뻬췌니 쁘로씸

○ 미디엄으로 해주세요.

Prosíte si dressing na šaláty?
쁘로씨떼 씨 드레씽 나 샬라띠

○ 샐러드에 드레싱 하시겠습니까?

Feferónový dresing a cesnakový dresing.
페페론노비 드레씽 아 쩨스낙꼬비 드레씽

○ 풋고추 드레싱과 마늘 드레싱 주세요.

Prosím, pane.
쁘로씸 빠네

○ 알겠습니다. 손님.

Prajete si kávu alebo nejaký dezert?
쁘라예떼 씨 까부 알레보 녜야끼 데제르뜨

○ 커피나 디저트 뭐 드시겠습니까?

Jedno espreso, jedno kapučíno, jednu jablkovo-
예드노 에스쁘레쏘 예드노 까뿌취노 예드누 야블꼬보

makovú štrúdľu so zmrzlinou.
막꼬부 슈뜨루들류 소 즈므르즐리노우

○ 에스프레소, 카푸치노, 아이스크림을 곁들인 사과-양귀비씨 파이 하나씩 주세요.

Eva, nedáš si nič ako dezert?
에바 네다슈 씨 뉘츠 아꼬 데제르뜨

🔸 에바, 너는 디저트 아무것도 안 먹을거야?

Nie, som už plná a nechcem byť tučná.
니에 쏨 우슈 쁠나 아 네흐쩸 빗 뚜츄나

🔸 안 먹을래. 벌써 배도 부르고 난 뚱뚱해지고 싶지 않아.

Prajete si ešte niečo?
쁘라예떼 씨 에슈떼 니에쵸

🔸 뭐 더 드시겠습니까?

Nie, ďakujem. To je všetko.
니에 댜꾸옘 또 예 프쉐뜨꼬

🔸 아니오, 고맙습니다. 이게 다예요.

Pán hlavný, zaplatím.
빤 흘라브니 자쁠라띰

🔸 웨이터, 지불하겠습니다.

Tu je účet. Platíte spolu alebo osobitne?
뚜 예 우쳇 쁠라띠떼 스뽈루 알레보 오쏘비뜨네

🔸 여기 계산서 있습니다. 함께 계산하십니까 아니면 따로 계산하십니까?

Platíme spolu. / Platíme osobitne.
쁠라띠메 스뽈루 쁠라띠메 오쏘비뜨네

🔸 같이 계산합니다. / 각자 따로 계산합니다.

유용한 표현 Užitočné výrazy

Dobrú chuť!
도브루 훗뜨

○ 맛있게 드세요. 많이 드세요.

Chutilo vám?
후띨로 밤

○ 맛 있게 드셨나요?

Slovenská kuchyňa mi chutí.
슬로벤스까 꾸히냐 미 후띠

○ 제겐 슬로바키아 요리가 맛있어요 (입에 맞아요).

Chýba mi kórejská strava.
히바 미 꼬레이스까 스뜨라바

○ 나는 한국음식이 그리워요.

Mám rád (rada) pikantné jedlo.
맘 라뜨 (라다) 삐깐뜨네 예들로

○ 저는 매콤한 음식을 좋아합니다.

Viem dobre variť.
비엠 도브레 바릿뜨

○ 나는 요리를 잘해요.

Aké je vaše obľúbené jedlo?
아께 예 바쉐 오블류베네 예들로

○ 어떤 음식을 좋아하세요?

Sliny sa mi v ústach zbiehajú.
슬리니 싸 미 브 우스따흐 즈비에하유

➡ 입에 군침이 돌아요.

Môžem to ochutnať?
무오쥄 또 오후뜨낫뜨

➡ 맛을 보아도 될까요?

Objednali ste si stôl?
옵예드날리 스떼 씨 스뚜올

➡ 테이블 예약하셨습니까?

Čo by ste si želali ako predjedlo?
쵸 비 스떼 씨 젤랄리 아꼬 쁘레드예들로

➡ 전채요리로 무엇을 드시겠습니까?

Prineste nám prosím, popolník.
쁘리네스떼 남 쁘로씸 뽀뽈닉

➡ 재떨이를 가져다 주십시오.

Je opitý (opitá).
예 오삐띠 (오삐따)

➡ 그(녀)는 술에 취했습니다.

O koľkej zatvárate?
오 꼴께이 자뜨바라떼

➡ 몇 시까지 영업하세요?

유용한 단어 Užitočné slová

raňajky [라냐이끼] 아침식사
večera [베췌라] 저녁식사
špecialita [슈뻬찌알리따] 특별요리
obed [오베드] 점심식사
labužník [라부쥐늬] 미식가

reštaurácia s tradičnou slovenskou kuchyňou [레슈따우라찌아 스 뜨라디츠노우 슬로벤스꼬우 꾸히뇨우] 슬로바키아 전통요리 레스토랑
kórejská reštaurácia [꼬레이스까 레슈따우라찌아] 한국 식당
čínska reštaurácia [췬스까 레슈따우라찌아] 중국 식당
japonská reštaurácia [야뽄스까 레슈따우라찌아] 일본 식당
francúzska reštaurácia [프란쭈스스까 레슈따우라찌아] 프랑스 식당
grécka reštaurácia [그레쯔까 레슈따우라찌아] 그리스 식당
talianská reštaurácia [딸리안스까 레슈따우라찌아] 이태리 식당
živá hudba [쥐바 후드바] 생음악
klimatizácia [끌리마띠자찌아] 냉방, 에어컨
nefajčiarska zóna [네파이취아르스까 조나] 금연석
uzavretá spoločnosť [우자브레따 스뽈레츠노스뛰] 연회석 살롱
internet pre zákazníka [인떼르넷 쁘레 자까즈늬까] 고객용 인터넷
samoobslužná reštaurácia [싸모옵슬루쥬나 레슈따우라찌아] 셀프서비스 식당
bufet [부펫] 간이식당
švédsky stôl [슈벳스까 스뚜올] 뷔페
jedlo [예들로] 음식
hotové jedlá [호또베 예들라] 레스토랑에서 주문 전에 미리 일정량 조리해 놓고 판매하는 비교적 저렴한 가격의 음식
jedlá na objednávku [예들라 나 옵예드나우꾸] 주문한 후에 조리되는 음식
jedlo pre dve osoby [예들로 쁘레 드베 오쏘비] 2인분 요리
predjedlo [쁘레드예들로] 전채요리
hlavné jedlo [흘라브네 예들로] 본요리, 주요리
biftek [비프떽] 비프 스테이크
rezeň [레젠느] 커틀렛
aperitív [아뻬리띠프] 아페리티브 (식욕을 돋우기 위해 식전에 마시는 술)

príloha [쁘릴로하] 사이드 디쉬
- krokety [끄로께띠] (감자) 크로켓
- zemiakové hranolky [제미악꼬베 흐라놀끼] 감자튀김, 프렌치 프라이
- zemiakové krokety [제미악꼬베 끄로께띠] 감자 크로켓
- zemiaková kaša [제미악꼬바 까샤] 매쉬드 포테이토
- opekané zemiaky [오뻬까네 제미악끼] 구운 감자
- varené zemiaky [바레네 제미악끼] 삶은 감자
- varená ryža [바레나 리좌] 밥

chlieb [흘리엡] 빵
rožok [로쥑] 희고 긴 롤빵
sendvič [쎈드비츠] 샌드위치
maslo [마슬로] 버터
kuchyňa [꾸히냐] 부엌, 요리
vegetariánska kuchyňa [베게따리안스까 꾸히냐] 채식주의 요리
kaša [까샤] 죽
zemiaková kaša [제미악꼬바 까샤] 매쉬드 포테이토
polievka [뽈리에우까] 수프, 국
rezance [레잔쩨] 국수, 면
cestoviny [쩨스또비니] 파스타
šunka [슝까] 햄
párky [빠르끼] 소시지
slanina [슬라니나] 베이컨
vajce [바이쩨] 달걀, 계란
- žĺtok [쥴똑] 계란 노른자
- bielok [비엘록] 계란 흰자
- volské oko [볼스께 오꼬] 계란 후라이
- miešané vajcia [미에샤네 바이찌아] 스크램블드 에그
- vajce na mäkko [바이쩨 나 멕꼬] 반숙계란
- vajce na tvrdo [바이쩨 나 뜨브르도] 완숙계란

syr [씨르] 치즈
ovčí syr [오우취 씨르] 양 치즈
údený syr [우데니 씨르] 훈제 치즈
tavený syr [따베니 씨르] 크림 치즈
vyprážaný syr [비쁘라좌니 씨르] 치즈 튀김
tuk [뚝] 지방, 기름기
šľahačka [슐랴하츠까] 생크림
med [메드] 꿀
džem [드쥄] 잼

[Návod na prípravu (나보드 나 쁘리쁘라부) 조리방법]
dusený [두쎄니] 찐
opekaný [오뻬까니] 구운
údený [우데니] 훈제한
vyprážaný [비쁘라좌니] 튀긴

grilovaný [그릴로바니] 그릴한
surový [쑤로비] 날것의, 익히지 않은
varený [바레니] 삶은, 끓인

[Rozličné chute (로즐리츠네 후떼) 다양한 맛들]
čerstvý [체르스뜨비] 신선한, 싱싱한
horúci [호루찌] 뜨거운
sladký [슬라뜨끼] 단, 달콤한
štiplavý [슈띠쁠랴비] 매운
teplý [떼쁠리] 따뜻한

horký [호르끼] 쓴, 씁쓸한
kyslý [끼슬리] 신, 새콤한
slaný [슬라니] 짠
studený [스뚜데니] 차가운
trpký [뜨릅끼] 떫은

[Mäso (메쏘) 고기]
bravčové mäso [브라우쵸베 메쏘] 돼지고기
hovädzie mäso [호베지 메쏘] 쇠고기
jahňacie mäso [야흐냐찌에 메쏘] 양고기
jelenie mäso [옐레뉴에 메쏘] 사슴고기
králik [끄랄릭] 토끼고기
teľacie mäso [뗄랴찌에 메쏘] 송아지고기
divina [뒤비나] 야생에서 포획한 (엽수의) 식용 고기

[Hydina (히뒤나) 가금류]
kurča [꾸르챠] 닭고기
kuracie prsa [꾸라찌에 쁘르싸] 닭 가슴살
morčacie mäso [모르촤찌에 메쏘] 칠면조 고기
kačacie mäso [까촤찌에 메쏘] 오리고기
hus [후쓰] 거위   bažant [바좐뜨] 꿩

[Ryba (리바) 생선, 물고기]

chobotnica [호보뜨뉘짜] 문어
kapor [까뽀르] 잉어
krab [끄랍] 게
krevety [끄레베띠] 참새우
losos [로쏘쓰] 연어
makrela [마끄렐라] 고등어
morský rak [모르스끼 락] 바다가재
mušľa [무슐랴] 홍합
okúň obyčajný [오꾼 오비촤이니] 농어
pstruh [쁘스뜨루흐] 송어
sardinky [싸르딩끼] 정어리
sépia [쎄삐아] 오징어
sumec veľký [쑤메쯔 벨끼] 메기
treska [뜨레스까] 창꼬치
tuniak [뚜뉘악] 참치
ústrice [우스뜨리쩨] 굴

[Ovocie (오보찌에) a orech (오레흐) 과일과 견과]

ananás [아나나쓰] 파인애플
arašidy [아라쉬디] 땅콩
banán [바난] 바나나
broskyňa [브로스끄냐] 복숭아
brusnica [브루쓰뉘짜] 덩굴월귤
čerešňa [췌레슈냐], višňa [비슈냐] 체리
citrón [찌뜨론] 레몬
čučoriedka [쵸쵸리에뜨까] 블루베리
egreš [에그레슈] 구즈베리, 서양까치밥 나무의 열매
fazuľa [파줄랴] 강낭콩
gaštan [가슈딴] 밤
grapefruit [그레이프프룻] 자몽
hrach [흐라흐] 완두콩
hrozno [흐로즈노] 포도
hruška [흐루슈까] 배
jablko [야블꼬] 사과
jahoda [야호다] 딸기
malina [말리나] 나무딸기
mandarínka [만다링까] 귤
mandľa [만들랴] 아몬드
mango [망고] 망고
marhuľa [마르훌랴] 살구
melón [멜론] 멜론, 수박
orech [오레흐] 호두
pomaranč [뽀마란츠] 오렌지
slivka [슬리우까] 자두
šošovica [쇼쇼비짜] 렌즈콩

[Obilie (오빌리에) a zelenina (젤레늬나) 곡식과 채소]

asparágus [아스빠라구쓰], špargľa [슈빠르글랴] 아스파라거스
baklažán [바끌라좐] 가지
cesnak [쩨쓰낙] 마늘

chren [흐렌] 양고추냉이　　　　cibuľa [찌불랴] 양파
feferónka [페페롱까] 풋고추
hlávkový šalát [흘라우꼬비 샬랏] 상추　huby [후비] 버섯
jačmeň [야츄멘느] 보리　　　　kapusta [까뿌스따] 양배추
čínska kapusta [친스까 까뿌스따] 배추　karfiol [까르피올] 콜리플라워
kukurica [꾸꾸리짜] 옥수수　　mak [막] 양귀비씨
mrkva [므르끄바], karotka [까롯뜨까] 당근
ovos [오보쓰] 귀리　　　　　　palina [빨리나] 쑥
paprika [빠쁘리까] 피망
červená paprika [췌르베나 빠쁘리까] 붉은 피망
zelená paprika [젤레나 빠쁘리까] 녹색 피망
paradajka [빠라다이까], rajčiaky [라이취악끼] 토마토
petržlen [뻬뜨르줄렌] 파슬리　pohánka [뽀항까] 메밀
pór [뽀르] 대파　　　　　　　proso [쁘로쏘] 조
pšenica [쁘쉐뉘짜] 밀
pšeničná múka [쁘쉐뉘츄나 무까] 밀가루
reďkovka [레뒤꼬우까] 무　　ryža [리좌] 쌀, 밥
šampiňón [샴삐뇬] 양송이 버섯　škrob [슈끄롭] 감자전분
sójové klíčky [쏘요베 끌리츄끼] 콩나물
sójové výhonky [쏘요베 비홍끼] 숙주나물
špenát [슈뻬낫] 시금치　　　　uhorka [우호르까] 오이
zázvor [자즈보르] 생강　　　　zeler [젤레르] 셀러리
zemiak [제미악] 감자
varené zemiaky [바레네 제미악끼] 삶은 감자
sladké zemiaky [슬라뜨께 제미악끼] 고구마
žito [쥐또] 호밀

[Korenie (꼬레뉘에) 양념]
(čierne) korenie [(취에르네) 꼬레뉘에] 후추, 양념
karé korenie [까레 꼬레뉘에] 카레　　cukor [쭈꼬르] 설탕

kryštálový cukor [끄리슈딸로비 쭈꼬르] 크리스탈 설탕
práškový cukor [쁘라슈꼬비 쭈꼬르] 분말 설탕
droždie [드로쥬뒤에] 이스트, 효모　　horčica [호르취짜] 겨자
kečup [케춥] 케첩
kuchynský olej [꾸힌스끼 올레이] 식용유
olivový olej [올리보비 올레이] 올리브유
mäta [메따] 박하　　　　　　　　ocot [오쫏] 식초
omáčka [오마츄까] 소스
pažítka [빠쥣뜨까] 골파의 잎 (향신료)
rasca [라스짜] 캐러웨이 (회향풀의 일종)
škorica [스꼬리짜] 계피　　　　　sója [쏘야] 간장
soľ [쏠] 소금

[Nealkoholické nápoje (네알꼬홀리쯔께 나뽀예) 비알코올 음료]
čaj [촤이] 차
čaj s mliekom [촤이 즈 믈리에꼼] 밀크를 넣은 차
čaj bez mlieka [촤이 베즈 믈리에까] 밀크를 넣지 않은 차
čaj s rumom [촤이 즈 루몸] 럼주를 넣은 차
ľadový čaj [랴도비 촤이] 아이스 티　　ovocný čaj [오보쯔니 촤이] 과일차
zelený čaj [젤레니 촤이] 녹차　　　　kává [까바] 커피
turecká káva [뚜레쯔까 까바] 터키식 커피
instantná (rozpustná) kava [인스딴뜨나 (로스뿌스뜨나) 까바] 인스턴트 커피
smotana do kávy [스모따나 도 까비] 커피크림
s cukrom [스 쭈끄롬] 설탕을 넣은
bez cukru [베스 쭈끄루] 설탕을 넣지 않은
espreso [에스쁘레쏘] 에스프레소　　　kapučíno [까뿌취노] 카푸치노
horúca čokoláda so šľahačkou [호루짜 쵸콜라다 쏘 슐랴하츠꼬우] 생크림을
　넣은 핫초콜릿
minerálka [미네랄까] 미네랄 워터　　mlieko [믈리에꼬] 우유
limonáda [리모나다] 레모네이드　　　džús [쥬쓰] 주스

jablkový džús [야블꼬비 쥬쓰] 사과주스
pomarančový džús [뽀마란쵸비 쥬쓰] 오렌지 주스
paradajkový džús [빠라다이꼬비 쥬쓰] 토마토 주스
šťava [쓔따빠] 즙   Kola [꼴라] 콜라
Fanta [판따] 환타   Sprite [스쁘라이뜨] 스프라이트
voda [보다] 물
perlivá voda [뻬를리바 보다] 탄산가스가 든 물
neperlivá voda [네뻬를리바 보다] 탄산가스가 들어있지 않은 물

[Alkoholické nápoje (알꼬홀리쯔께 나뽀예) 알코올 음료]
pivo [삐보] 맥주   víno [비노] 와인
červené víno [췌르베네 비노] 레드 와인
fľaša červeného vína [플랴샤 췌르베네호 비나] 레드 와인 한 병
biele víno [비엘레 비노] 화이트 와인
pohár bieleho vína [뽀하르 비엘레호 비나] 화이트 와인 한 잔
šampanské [샴빤스께] 샴페인   koktail [꼭따일] 칵테일
rum [룸] 럼주   whisky [비스끼] 위스키
vodka [보뜨까] 보드카   Campari [깜빠리] 깜빠리
Martini [마르띠니] 마르띠니   slivovica [슬리보비짜] 자두주
jablkovica [야블꼬비짜] 사과주   marhuľovica [마르훌료비짜] 살구주
višňovica [비슈뇨비짜] 체리주   hruškovica [흐루슈꼬비짜] 배주

[Koláče (꼴라췌) a dezerty (데제르띠) 케이크와 디저트]
palacinky [빨라찡끼] 팬케이크
palacinky s ovocím a čokoládou [빨라찡끼 즈 오보찜 아 쵸콜라도우] 과일과 초콜릿을 곁들인 팬케이크
palacinky so zmrzlinou [빨라찡끼 쏘 즈므르즐리노우] 아이스크림을 곁들인 팬케이크
pudding [뿌딩] 푸딩   štrúdľa [슈뜨루들랴] 애플파이
torta [또르따] 케이크   Tiramisu [띠라미쑤] 티라미슈 케이크

zmrzlina [즈므르즐리나] 아이스크림
zmrzlinový pohár [즈므르즐리노비 뽀하르] 아이스크림 컵

09 쇼핑하기 Nakupovanie

Kde je tu obchodný dom?
그데 예 뚜 오쁘호드니 돔

➲ 이곳에 백화점이 어디에 있습니까?

Hľadám najbližšie nákupné centrum.
흘랴담 나이블리쥬쉬에 나꾸쁘네 쩬뜨룸

➲ 이곳에서 가장 가까운 쇼핑센터를 찾고 있습니다.

Kde sú dámske šaty a pánske obleky?
그데 쑤 담스께 샤띠 아 빤스께 오블렉끼

➲ 숙녀복과 신사복 매장은 어디에 있습니까?

Dámske šaty sú na druhom poschodí a pánske
담스께 샤띠 쑤 나 드루홈 뽀쓰호뒤 아 빤스께

obleky sú na treťom poschodí.
오블렉끼 쑤 나 뜨레똠 뽀쓰호뒤

➲ 숙녀복은 2층에 있고 신사복은 3층에 있어요.

Prosím vás, kde je obuv?
쁘로씸 바쓰 그데 예 오부브

➲ 실례지만, 신발 매장은 어디에 있습니까?

Na štvrtom poschodí.
나 슈뜨브르똠 뽀쓰호뒤

➲ 4층에 있습니다.

Kde je kozmetika?
그데 예 꼬즈메띠까

➲ 화장품 매장은 어디에 있습니까?

Na prízemí.
나 쁘리제미

◯ 1층에 있어요.

A potraviny?
아 뽀뜨라비니

◯ 그리고 식품매장은 어디에 있지요?

V suteréne.
프 쑤떼레네

◯ 지하에 있어요.

Môžem si skúsiť tieto hnedé topánky?
무오쉠 씨 스꾸썻뜨 띠에또 흐녜데 또빵끼

◯ 이 밤색 구두 신어봐도 될까요?

Akú máte veľkosť?
아꾸 마떼 벨르꼬스뜨

◯ 사이즈가 어떻게 됩니까?

Osem a pol.
오쎔 아 뽈

◯ 8과 1/2입니다.

Nech sa páči.
녜흐 싸 빠취

◯ 여기 있습니다.

Ale sú mi malé. Tieto topánky ma tlačia. Máte o číslo väčšie?
알레 쑤 미 말레 띠에또 또빵끼 마 뜰라춰아 마떼
오 취슬로 벳츄쉬에

◯ 제겐 작군요. 구두가 제 발에 조입니다. 한 치수 큰 것 있습니까?

Áno, hneď vám ich prinesiem.
아노 흐네뛰 밤 이흐 쁘리녜씨엠

○ 네, 곧 가져다 드리겠습니다.

Musím kúpiť MP3 prehrávač a ultratenký
무씸 꾸삣뜨 엠뻬뜨리 쁘레흐라바츄 아 울뜨라뗑끼

DVD systém.
데베데 씨스뗌

○ MP3 플레이어와 초슬림형 DVD 시스템을 사야 합니다.

Viete, kde je domáca elektronika?
비에떼 그데 예 도마짜 엘렉뜨로니까

○ 가전 제품 매장이 어디에 있는지 아세요?

Na piatom poschodí.
나 삐아똠 뽀쓰호뒤

○ 5층에 있습니다.

Čím vám môžem poslúžiť?
췸 밤 무오쉠 뽀슬루쥣뜨

○ 뭘 도와드릴까요? 뭐 찾는 거 있으세요?

Koľko stojí tento kryštálový luster?
꼴꼬 스또이 뗀또 끄리슈딸로비 루스떼르

○ 이 크리스탈 샹들리에 얼마예요?

Pätnásť tisíc korún.
뻬뜨나슷뜨 뛰씨쯔 꼬룬

○ 15,000꼬룬입니다.

Je to nadherné, ale veľmi drahé. Koľko stojí
예 또 나드헤르네 알레 벨미 드라헤 꼴꼬 스또이
tamtá žltá stolná lampa?
땀따 쥴따 스똘나 람빠

◯ 화려하지만 정말 비싸군요. 저기 노란색 탁상용 램프는 얼마예요?

Tá je lacná. Stojí len sedemsto päťdesiat korún.
따 예 라쯔나 스또이 렌 쎄뎀스또 뺏뎨씨앗 꼬룬

◯ 그건 싸요. 750꼬룬밖에 안해요.

Prepáčte, kde zoženiem sprievodcovskú knižku
쁘레빠츄떼 그데 조줴뉘엠 스쁘리에보뜨쪼프스꾸 끄뉘슈꾸
po Slovensku?
뽀 슬로벤스꾸

◯ 실례지만, 슬로바키아 가이드북을 어디서 구할 수 있을까요?

V tamtom kníhkupectve majú bohatý výber.
프 땀똠 끄뉘흐꾸뻬쯔뜨베 마유 보하띠 비베르

◯ 저기 서점에서요. 다양한 종류가 구비되어 있어요.

Prosím, pani.
쁘로씸 빠뉘

◯ 뭘 드릴까요, 부인? 뭘 도와드릴까요?

Koľko stojí desať deka* ementálskeho syra?
꼴꼬 스또이 데쌋뜨 데까 에멘딸스께호 씨라

◯ 에멘탈 치즈 10데까 (100그램) 얼마이지요?

데까 (deka)는 데까그람 (dekagram)의 준말로 1 데까는 10 그램에 해당한다.

Čo si prajete?
쵸 씨 쁘라예떼

➡ 뭘 드릴까요?

Pol kila bravčového mäsa, prosím.
뽈 낄라 브라우쵸베호 메싸 쁘로씸

➡ 돼지고기 반 킬로 주세요.

Dajte mi prosím, 600 (šesťsto) gramov zadného hovädzieho mäsa.
다이떼 미 쁘로씸 쉐스뜨스또 그라모우 자드네호
호베지에호 메싸

➡ 쇠고기 등심 600 그램 주세요.

Čo si prajete?
쵸 씨 쁘라예떼

➡ 뭘 도와 드릴까요? 어떤 걸 찾으세요?

Len sa pozerám.
렌 싸 뽀제람

➡ 그냥 구경만 하는 거예요.

Čo vám môžeme ponúknuť?
쵸 밤 무오줴메 뽀누끄눗뜨

➡ 뭘 도와드릴까요?

Páči sa mi tamtá čierna kožená bunda. Môžem si to skúsiť?
빠취 싸 미 땀따 취에르나 꼬줴나 분다 무오쥄
씨 또 스꾸씻뜨

➡ 저 검정색 가죽 재킷이 제 맘에 듭니다. 입어볼 수 있을까요?

Akú máte veľkosť?
아꾸 마떼 벨르꼬슷뜨

> 사이즈가 어떻게 되세요?

Číslo päťdesiat.
취슬로 뺏뜨데씨앗

> 50입니다.

Tam vzadu sú skúšobné kabíny a zrkadlo.
땀 브자두 쑤 스꾸쇼브네 까비니 아 즈르까들로

> 저기 뒤에 피팅룸과 거울이 있어요.

Koľko stojí?
꼴꼬 스또이

> 얼마입니까?

Dvesto deväťdesiat euro.
드베스또 데벳데씨앗 에우로

> 290유로예요.

To je veľmi drahé, nemáte niečo lacnejšie?
또 예 벨미 드라헤 네마떼 뉘에쵸 라쯔네이쉬에

> 너무 비싸군요, 더 싼 거 없나요?

Čo vám môžeme ponúknuť, pani?
쵸 밤 무오줴메 뽀누끄눗뜨 빠뉘

> 뭘 도와드릴까요, 부인?

Môžete mi ukázať tamtú kvetovanú blúzu?
무오줴떼 미 우까잣뜨 땀뚜 끄베또바누 블루주

> 저기 꽃무늬 블라우스 좀 보여주시겠어요?

Akú farbu? Modrú alebo ružovú?
아꾸 파르부 모드루 알레보 루죠부

> 어떤 색이죠? 파란색 아니면 분홍색요?

Ružovú, prosím.
루죠부 쁘로씸

> 분홍색 보여주세요.

Akú máte veľkosť?
아꾸 마떼 벨르꼬슷뜨

> 사이즈가 어떻게 되세요?

Tridsať osem. Je to hodváb?
뜨리짯 오쎔 예 또 호드밥

> 38이에요. 이거 실크예요?

Áno, čistý hodváb.
아노 취스띠 호드밥

> 예, 100% 실크예요.

Táto kockovaná sukňa vyzerá tiež veľmi pekne.
따또 꼬쯔꼬바나 쑤끄냐 비제라 뛰에쥬 벨미 뻬끄네

Koľko stojí?
꼴꼬 스또이

> 이 체크무늬 치마도 굉장히 예쁘네요. 얼마예요?

Dve tisíc korún. Je to najnovšia móda a čistá vlna.
드베 뛰씨쯔 꼬룬 예 또 나이노브쉬아 모다 아 취스따

불나

> 2000꼬룬이에요. 최신 유행에다가 순모거든요.

Dobre, zoberiem si obidvoje.
도브레　　조베리엠　　씨　　오비드보예

➲ 좋아요. 이 두 가지 모두 구입할게요.

Želáte si ešte niečo?
쩰라떼　씨　에슈떼　뉘에쵸

➲ 뭐 더 필요하십니까?

Nie, ďakujem, to je všetko.
뉘에　댜꾸엠　또 예　프쉐뜨꼬

➲ 아니오, 고마워요, 이게 다예요.

Včera som tu kúpil(a) túto pruhovanú košeľu.
프췌라　쏨　뚜　꾸삘(라)　뚜또　쁘루호바누　꼬쉘류

Ale je poškodená, stehy na ľavom rukáve sú zle
알레 예　뽀슈꼬데나　스떼히　나　랴봄　루까베　쑤 즐레

zošité.
조쉬떼

➲ 제가 어제 여기서 스트라이프 무늬 와이셔츠를 구입했거든요. 그런데 불량품이에요. 왼쪽 소매에 바느질이 불량입니다.

Chcel(a) by som to vrátiť a dostať späť peniaze.
흐쩰(라)　비　쏨　또　브라띳뜨 아　도스땃뜨　스뻿　뻬뉘아제

➲ 반품하고 환불 받고 싶어요.

Koľko stoja tento brúsený pohár a tamtá
꼴꼬　스또야　뗀또　브루쎄니　뽀하르 아　땀따

brúsená váza?
브루쎄나　바자

➲ 이 컷팅한 크리스탈 잔과 저기 저 컷팅한 꽃병은 얼마입니까?

Tie sú z číreho olovnatého skla. Pohár stojí tristo
뛰에 쑤 스 취레호 올로브나떼호 스끌라 뽀하르 스또이 뜨리스또

šesťdesiat korún a váza stojí dve tisíc tristo korún.
쉐스데씨앗 꼬룬 아 바자 스또이 드베 뛰씨쯔 뜨리스또 꼬룬

◯ 순수 납크리스탈 유리로 만든 것들이에요. 유리잔은 360꼬룬이고 꽃병은 2300꼬룬이에요.

Vezmem si šesť pohárov a aj tú vázu.
베즈멤 씨 쉐슷뜨 뽀하로우 아 아이 뚜 바주

◯ 유리잔 6개하고 그 꽃병도 구입할게요.

Keď chcete zariadime vám zámorskú prepravu
께뜨 흐쩨떼 자리아뒤메 밤 자모르스꾸 쁘레쁘라부

loďou.
로됴우

◯ 원하시면 해외 shipping service도 해드려요.

Nie, ďakujem.
뉘에 댜꾸엠

◯ 아니오, 고마워요.

Kde môžem kúpiť pracie prášky?
그데 무오쉠 꾸삣뜨 쁘라찌에 쁘라슈끼

◯ 빨래 세제를 어디서 살 수 있어요?

V drogérii alebo v supermarkete.
브 드로게리이 알레보 프 쑤뻬르마르께떼

◯ 잡화상점이나 슈퍼마켓에서요.

V čistiarni (프 취스뛰아르뉘) 세탁소에서

Prepáčte prosím, kde je čistiareň?
쁘레빠츄떼　　쁘로씸　　그뎨　예　취스뛰아렌느

◐ 실례지만, 세탁소가 어디에 있나요?

Prosím, pane?
쁘로씸　　빠네

◐ 뭘 도와드릴까요?

Môžete mi vyžehliť tieto nohavice?
무오줴떼　미　비줴흘릿드 띠에또　노하비쩨

◐ 이 바지를 다림질해 주시겠어요?

Potrebujem odstrániť fľaky na týchto
쁘뜨레부엠　　오뜨스뜨라닛드 플라끼　나　띠흐또

nohaviciach chemickým čistením.
노하비찌아흐　　헤미쯔낌　　취스떼늼

◐ 이 바지에 있는 얼룩들을 드라이 클리닝으로 없애주세요.

Obyčajne alebo expresne?
오비촤이네　　알레보　엑쓰쁘레쓰네

◐ 보통으로 해드릴까요 익스프레스로 해드릴까요?

Expresne, prosím. Kedy si môžem po ne prísť?
엑쓰쁘레쓰네　　쁘로씸　　께디　씨　무오쥄　뽀　네　쁘리슷드

◐ 익스프레스로 해주세요. 언제 찾으러 오면 됩니까?

Prosím, príďte dnes o pol šiestej.
쁘로씸　　쁘리드떼　드네쓰 오　뽈　쉬에스떼이

◐ 오늘 5시 30분에 오세요.

유용한 표현 Užitočné výrazy

Idem na nákup.
이뎀 나 나꿉

○ 나는 쇼핑하러 갑니다.

Páči sa mi to.
빠취 싸 미 또

○ 마음에 들어요.

Kde môžem kúpiť poukážku na tovar?
그데 무오쳄 꾸삣뜨 뽀우까슈꾸 나 또바르

○ 상품권은 어디에서 구입할 수 있습니까?

Máte o číslo väčšie?
마떼 오 취슬로 베츄쉬에

○ 한 치수 큰 것 있어요?

Máte o číslo menšie?
마떼 오 취슬로 멘쉬에

○ 한 치수 작은 것 있어요?

Prosím vás, ukážte mi niečo iné.
쁘로씸 바쓰 우까슈떼 미 니에초 이네

○ 다른 것을 보여주세요.

Sú priveľké.
쑤 쁘리벨께

○ 사이즈가 너무 큽니다.

Sú primalé.
쑤 쁘리말레

◯ 사이즈가 너무 작습니다.

Chcete platiť v hotovosti alebo kreditnou
흐쩨떼 쁠라띳뜨 브 호또보스뛰 알레보 끄레디뜨노우

kartou?
까르또우

◯ 현금으로 지불하시겠습니까, 신용카드로 지불하시겠습니까?

Dá sa platiť kreditnou kartou.
다 싸 쁠라띳뜨 끄레디뜨노우 까르또우

◯ 신용카드로 지불해도 됩니까?

Môžete mi dať účet, prosím?
무오줴떼 미 닷뜨 우쳇 쁘로씸

◯ 영수증 주시겠습니까?

Môžete mi to zabaliť ako darček?
무오줴떼 미 또 자발릿뜨 아꼬 다르췍

◯ 선물포장 해주시겠습니까?

Môžem dostať zľavu?
무오쥄 도스땃뜨 즐랴부

◯ 값을 깎아 주시겠어요?

Chcel(a) by som ešte jeden kus.
흐쩰(라) 비 쏨 에슈떼 예덴 꾸쓰

◯ 하나 더 하겠습니다.

Chcel(a) by som vymeniť tento sveter, ktorý
흐쩰(라)   비 쏨   비메닛쯔   뗀또   스베떼르 끄또리

som si včera kúpil(a), za väčší.
쏨 씨 프췌라 꾸삘(라) 자   베츄쉬

○ 제가 어제 구입한 이 스웨터를 더 큰 사이즈로 교환하고 싶습니다.

V obchodnom dome je teraz výpredaj.
브   오쁘호드놈   도메 예 떼라쓰   비쁘레다이

○ 지금 백화점에서는 세일을 하고 있어요.

유용한 단어 Užitočné slová

čistiareň [취스뛰아렌느] 세탁소   drogéria [드로게리아] 잡화점
hotovosť [호또보슷뜨] 현금
kníhkupectvo [끄니흐꾸뻬쯔뜨보] 서점
kreditná karta [끄레디뜨나 까르따] 신용카드
lekáreň [레까렌느] 약국   mäsiarstvo [메씨아르스뜨보] 정육점
nákupné centrum [나꾸쁘네 쩬뜨룸] 쇼핑센터
obchodný dom [오쁘호드니 돔] 백화점
papiernictvo [빠삐에르니쯔뜨보] 문방구
potraviny [뽀뜨라비니] 식품점
poukážka na tovar [뽀우까슈까 나 또바르] 상품권
sklo a porcelán [스끌로 아 뽀르쩰란] 유리제품과 도자기
tržnica [뜨르쥬늬짜] 시장

[Farby (파르비) 색상]
biely [비엘리] 흰   červený [췌르베니] 붉은, 빨간
čierny [취에르니] 검은   fialový [피알로비] 보라색의

hnedý [흐네디] 밤색의
modrý [모드리] 푸른, 파란
purpurový [뿌르뿌로비] 자주색의
sivý [씨비] 회색의
svetlý [스베뜰리] 밝은
tmavý [뜨마비] 어두운
zelený [젤레니] 녹색의
žltý [줄띠] 노란색의

[Odevy (오데비) 의류]
malá veľkosť [말라 벨르꼬숫뜨] 스몰 사이즈 (S)
stredná veľkosť [스뜨레드나 벨르꼬숫뜨] 미디엄 사이즈 (M)
veľká veľkosť [벨르까 벨르꼬숫뜨] 라지 사이즈 (L)
nadmerná veľkosť [나드메르나 벨르꼬숫뜨] 엑스 라지 사이즈 (XL)
šaty [샤띠] 원피스, 옷
spoločenské šaty [스뽈레췐스께 샤띠] 외출복
domácie oblečenie [도마찌에 오블레췌뉘에] 집에서 입는 옷
dámske šaty [담스께 샤띠] 여성복, 부인복
dievčenské šaty [뒤에우췐스께 샤띠] 숙녀복
svadobné šaty [스바도브네 샤띠] 웨딩드레스
večerné šaty [베췌르네 샤띠] 야회복, 드레스
detské šaty [뎃스께 샤띠] 아동복   dlhý rukáv [들히 루까우] 긴 소매
krátky rukáv [끄라뜨끼 루까우] 짧은 소매
košeľa [꼬쉘랴] 와이셔츠
nočná košeľa [노츄나 꼬쉘랴] (여성) 잠옷
blúza [블루자] 블라우스   bunda [분다] 점퍼
čiapka [취압쁘까] 테 없는 모자
džínsy [쥔씨], texasky [멕싸쓰끼] 청바지
golier [골리에르] 칼라, 깃   gombík [곰빅] 단추
kabát [까밧] 코트, 외투   klobúk [끌로북] 모자, 중절모
kostým [꼬스땀] 여성용 정장
módne doplnky [모드네 도쁠느끼] 액세서리
nohavice [노하비쩨] 바지   nohavičky [노하비츄끼] 팬티
oblek [오블렉] 신사복, 남성정장   opasok [오빠쏙] 벨트

pančucha [빤츄하] 스타킹
plavky [쁠라우끼] 수영복
ponožky [뽀노슈끼] 양말
pyžamo [삐좌모] 잠옷
sako [싸꼬] 재킷
šatka [샤뜨까] 스카프
hodvábna šatka [호드바브나 샤뜨까] 실크 스카프
smoking [스모낑] 연미복
spodné prádlo [스뽀드네 쁘라들로] 속옷
sukňa [쑤끄냐] 치마
tepláky [떼쁠락끼] 조깅수트
vesta [베스따] 조끼
vreckovka [브레쯔꼬우까] 손수건
župan [쥬빤] (면, 실크 등으로 만든) 가운

plášť [쁠라슈뜨] 트렌치 코트
podprsenka [뽀뜨쁘르쎙까] 브레지어
pulóver [뿔오베르] 풀오버
rukavice [루까비쩨] 장갑
šál [샬] 머플러, 목도리

sveter [스베떼르] 스웨터
tričko [뜨리츄꼬] 티셔츠
vrecko [브레쯔꼬] 포켓, 주머니
zástera [자스떼라] 앞치마

[Látka (라뜨까) 옷감]
bavlna [바블나] 면
hodváb [호드밥] 실크

vlna [블나] 모
nylon [닐론] 나일론

[Vzory (브조리) 무늬]
bodkovaný [보뜨꼬바니] 물방울 무늬의
kvetovaný [끄베또바니] 꽃무늬의

kockovaný [꼬쯔꼬바니] 체크무늬의
pruhovaný [쁘루호바니] 줄무늬의

[Kabelka a topánky (까벨까 아 또빵끼) 핸드백과 구두]
peňaženka [뻬냐젱까] 지갑
taška [따슈까] 가방
obuvy [오부비] 신발
sandál [싼달] 샌들
topánky [또빵끼] 구두

kabelka [까벨까] 핸드백
čižmy [취쥬미] 부츠
papuča [빠뿌촤] 실내용 슬리퍼
tenisky [떼니스끼] 테니스화, 스니커즈

[Šperky (슈뻬르끼) 장신구]
drahokamy [드라호까미] 보석 zlato [즐라또] 금
zlaté náušnice [즐라떼 나우슈뉘쩨] 금귀걸이
striebro [스뜨리에브로] 은
strieborné náušnice [스뜨리에보르네 나우슈뉘쩨] 은귀걸이
náramkové hodinky [나람꼬베 호뒹끼] 손목시계
náhrdelník [나흐르델뉘] 목걸이 náramok [나라목] 팔찌
prsteň [쁘르스뗀느] 반지 brošňa [브로슈냐] 브로치
okuliare [오꿀리아레] 안경
slnečné okuliare [슬녜츄네 오꿀리아레] 선글라스
diamant [디아만뜨] 다이아몬드 granát [그라낫] 자수정
jantár [얀따르] 호박 nefrit [네프릿] 옥
ónyx [오닉쓰] 오닉스 perla [뻬를라] 진주
rubín [루빈] 루비 safír [싸피르] 사파이어
smaragd [스마라그뜨] 에메랄드 topaz [또파쓰] 토파즈
tyrkys [띠르끼쓰] 터키석

[Kozmetika (꼬즈메띠까) 화장품]
mastná pleť [마스뜨나 쁠렛뜨] 지성피부
suchá pleť [쑤하 쁠렛뜨] 건성피부
normálna pleť [노르말나 쁠렛뜨] 중성피부
citlivá pleť [찌뜰리바 쁠렛뜨] 민감성 피부
zmiešaná pleť [즈미에샤나 쁠렛뜨] 복합성 피부
kozmetika pre alergikov [꼬즈메띠까 쁘레 알레르기꼬우] 알레르기성 피부용 화장품
pleťová voda [쁠레뚀바 보다] 화장수
pleťový krém [쁠레뚀비 끄렘] 크림
pleťové mlieko [쁠레뚀베 믈리에꼬] 로션
telové mlieko [뗄로베 믈리에꼬] 바디로션
čistiace mlieko [취스뙤아쩨 믈리에꼬] 클린싱 로션

pleťový čistiaci krém [쁠레뜨바 취스뛔아찌 끄렘] 클린싱 크림
ceruzka na obočie [쩨루스까 나 오보춰에] 아이 펜슬
jelení loj [엘레뉘 로이] 립글로스　　očná linka [오츄나 링까] 아이 라이너
očný tieň [오츄니 뛰엔느] 아이 섀도우
opaľovací krém [오빨료바찌 끄렘] 선 크림
parfém [빠르펨] 향수　　　　　　púder [뿌데르] 분
rúž [루슈] 립스틱

[Drogéria (드로게리아) 잡화점]
aviváž [아비바슈] 빨래 린스
elektrická píla [엘렉뜨리쯔까 삘라] 전기톱
handra [한드라] 걸레　　　　　hoblík [호블릭] 대패
hoblina [호블리나] 톱밥　　　　hrebeň [흐레벤느] 빗
kladivo [끌라뒤보] 망치　　　　klieštiky [끌리에슈뛰끼] 손톱깎이
klietka [끌리에뜨까] 새장　　　klinec [끌리네쯔] 못
kondicionér [꼰디찌오네르] 헤어린스
kôš na odpadky [꾸오슈 나 오뜨빠뜨끼] 쓰레기통
krmivo [끄르미보] (개, 고양이 등의) 먹이
lopatka [로빠뜨까] 쓰레받기　　metla [메뜰라] 빗자루, 비
mop [몹] 대걸레　　　　　　　mydlo [미들로] 비누
mydlo na pranie [미들로 나 쁘라뉘에] 빨래 비누
papierové vreckovky [빠삐에로베 브레쯔꼬우끼] 휴대용 티슈
pena na holenie [뻬나 나 홀레뉘에] 쉐이빙 크림
píla [삘라] 톱　　　　　　　　pinzeta [삔제따] 핀셋
pracie prášky [쁘라찌에 쁘라슈끼] 빨래 세제
ramienko [라미엥꼬], vešiak [베쉬약] 옷걸이
šampón [샴뽄] 샴푸
saponát na riad [싸뽀낫 나 리아드] 식기세제
skrutka [스끄루뜨까] 나사
škrutkovač [슈끄루뜨꼬바츄] 드라이버

sprchový gél [스쁘르호비 젤] 샤워젤   sprej [스쁘레이] 스프레이
sviečka [스비에츄까] (양)초
telový šampón [뗄로비 샴쁜] 바디 크렌저
toaletný papier [또알레뜨니 빠삐에르] 화장지
vata [바따] 탈지면   vatové tyčinky [바또베 띠칭끼] 면봉
vložka [블로슈까] 생리대   vŕtačka [브르따츄까] 드릴
žiletky [쥘레뜨끼] 면도칼   zrkadlo [즈르까들로] 거울
zubná kefka [주브나 께프까] 칫솔   zubná pasta [주브나 빠스따] 치약

[Domáca elektronika (도마짜 엘렉뜨로니까) 가전제품]
chladnička [흘라드뉘츄까] 냉장고   digestor [디게스또르] 환풍기
domáce kino [도마쩨 끼노] 홈씨어터
fén na vlasy [펜 나 블라씨] 헤어 드라이어
holiaci strojček [홀리아찌 스뜨로이췍] 전기 면도기
klimatizácia [끌리마띠자찌아] 에어컨   lampa [람빠] 램프
luster [루스떼르] 샹들리에
mikrovlnka [미끄로블능까] 전자레인지
mixér [믹세르] 믹서   mobil [모빌] 휴대전화
počítač [뽀취따츄] 컴퓨터   práčka [쁘라츄까] 세탁기
stolný ventilátor [스똘니 벤띨라또르] 탁상용 선풍기
televízor [뗄레비조르] 텔레비전
umývačka riadu [우미바츄까 리아두] 식기 세척기
vysávač [비싸바츄] 진공청소기   žehlička [줴흘리츄까] 다리미
žiarivka [쥐아리우까] 형광등   žiarovka [쥐아로우까] 전구

[Kuchynské potreby (꾸힌스께 뽀뜨레비) 주방용품]
panvica [빤비짜] 프라이팬   džbán [쥬반] 물병
hrniec [흐르뉘에쯔] 냄비   tanier [따뉘에르] 접시
misa [미싸] 속이 깊은 접시나 그릇   naberačka [나베라츄까] 국자
pohár [뽀하르] 컵   váza [바자] 꽃병

vidlička [비들리츄까] 포크
nôž [누오슈] 나이프, 칼
trúba na pečenie [뜨루바 나 뻬췌뉘에] 오븐
utierka [우뛰에르까] 행주

lyžica [리쥐짜] 숟가락, 스푼
sporák [스뽀락] 레인지

[Nábytok (나비똑) 가구]
koberec [꼬베레쯔] 카페트
kreslo [끄레슬로] (팔걸이가 있는) 의자
posteľ [뽀스뗄르] 침대
prestieradlo [쁘로스띠에라들로] 침대시트
posteľná bielizeň [뽀스뗄르나 비엘리젠느] 흰색의 침대시트
prikrývka [쁘리끄리우까] 이불
sedacie súpravy [쎄다찌에 쑤쁘라비] 소파세트
skriňa [스끄리냐] 옷장
stolička [스똘리츄까] (팔걸이가 없는) 의자, 걸상
toaletný stôl [또알레뜨니 스뚜올] 화장대
vankúš [반꾸슈] 베개

komoda [꼬모다] 서랍 달린 옷장
obuvník [오부브닉] 신발장

stôl [스뚜올] 탁자, 책상

vitrína [비뜨리나] 장식장

10 길 묻기 Pýtame sa na cestu

Prosím vás, kde je Mestské múzeum?
쁘로씸 바쓰 그데 예 메스뜨스께 무제움

◐ 실례지만, 시립 박물관이 어디 있습니까?

Moment, pozriem sa na plán mesta. To je pri
모멘뜨 뽀즈리엠 싸 나 쁠란 메스따 또 예 쁘리
Primaciálnom paláci.
쁘리마찌알놈 빨라찌

◐ 잠시만요, 지도를 볼게요. 시청 옆에 있어요.

Ako sa dostanem na Bratislavský hrad?
아꼬 싸 도스따넴 나 브라띄슬라우스끼 흐라뜨

◐ 브라띠슬라바 성까지는 어떻게 갑니까?

Myslím, že som tu zablúdil(a). Mohli by ste mi
미슬림 줴 쏨 뚜 자블루딜(라) 모흘리 비 스떼 미
povedať, ako ďaleko je Národné divadlo?
뽀베닷뜨 아꼬 달레꼬 예 나로드네 뒤바들로

◐ 제가 길을 잃은 것 같군요. 국립극장이 얼마나 먼지 말씀해 주시겠습니까?

Je to na ulici Gorkého, trvá to asi desať minút
예 또 나 울리찌 고르께호 뜨르바 또 아씨 데샷뜨 미눗
pešo. Idem tým smerom, môžete ísť so mnou,
뻬쑈 이뎀 띰 스메롬 무오줴떼 이슷뜨 쏘 므노우
ak chcete.
악 흐쩨떼

142

◯ 국립극장은 고르끼 가(街)에 있는데, 걸어서 대략 10분정도 걸려요. 제가 그 방향으로 가는데, 원하시면 저와 함께 가셔도 돼요.

Ďakujem, ste veľmi laskavý/-á.
댜꾸엠   스떼 벨미   라스까비/라스까바

◯ 고마워요, 정말 친절한 분이시군요.

Prosím.
쁘로씸

◯ 별말씀을요.

Prepáčte, sú tu niekde verejné toalety?
쁘레빠츄떼   쑤 뚜 녜에끄데   베레이네   또알레띠

◯ 실례지만, 여기 어디에 공중 화장실 있습니까?

Na konci tejto ulice.
나   꼰찌 떼이또 울리쩨

◯ 이 길 끝에 있습니다.

Prepáčte prosím, je to cesta k slovenskému
쁘레빠츄떼   쁘로씸   예 또 쩨스따 끄   슬로벤스께무

rozhlasu?
로즈흘라쑤

◯ 실례지만, 슬로바키아 라디오 방송국 이 길로 갑니까?

Áno, presne. Na prvej odbočke choďte doprava.
아노   쁘레쓰네   나 쁘르베이 오드보츄께   호뜨떼   도쁘라바

Bude hneď za rohom.
부데   흐녜뚜 자 로홈

◯ 예, 맞습니다. 첫번째 코너에서 우회전하세요. 바로 모퉁이에 있습니다.

Došiel nám benzín. Prosím vás, kde je tu
도쉬엘   남   벤진   쁘로씸   바쓰   그데 예 뚜

najbližšia benzínová pumpa?
나이블리쥬쉬아   벤지노바   뿜빠

◐ 자동차 기름이 떨어졌습니다. 실례지만, 이곳에서 가장 가까운 주유소가 어디입니까?

Choďte rovno až za tú vysokú budovu. Je to
호뜨떼   로브노 아슈 자 뚜   비쏘꾸   부도부   예 또

hneď za rohom.
흐네뛰   자   로홈

◐ 저 높은 건물 뒤까지 곧장 가세요. 모퉁이 돌아서 바로 있습니다.

Prepáčte, kde je policajná stanica?
쁘레빠츄떼   그데 예   뽈리짜이나   스따늬짜

◐ 실례지만, 경찰서가 어디 있습니까?

Tam oproti internetovej kaviarni.
땀   오쁘로뛰   인떼르네또베이   까비아르늬

◐ 저기 인터넷 카페 맞은편에 있어요.

Prosím vás, ako sa dostanem do centra?
쁘로씸   바쓰   아꼬 싸   도스따넴   도   쩬뜨라

◐ 실례지만, 시내까지 어떻게 갑니까?

Bohužiaľ, ale tiež to tu nepoznám.
보후쥐알   알레 뛰에슈 또 뚜   네쁘즈남

◐ 유감스럽지만, 저도 여기 지리를 모릅니다.

Ide tento autobus na Nový most?
이데   뗀또   아우또부쓰   나   노비   모스뜨

◐ 이 버스가 노비 모스뜨로 가나요?

Áno, ide.
아노　이데

○ 예, 가요.

Myslím, že nie. Musíte ísť autobusom číslo 30
미슬림　쪠 뉘에　무씨떼 이슷뜨 아우또부쏨　취슬로 뜨리짯
alebo električkou číslo 12.
알레보　엘렉뜨리츄꼬우　취슬로 드바나쓰뜨

○ 안 가는 것 같아요. 30번 버스를 타고 가시던지 12번 전차를 타고 가셔야 해요.

Zmeškali sme autobus. Ako často premávajú
즈메슈깔리　즈메 아우또부쓰　아꼬 차스또　쁘레마바유
autobusy?
아우또부씨

○ 우리는 버스를 놓쳤습니다. 버스가 얼마 간격으로 다닙니까?

Každú polhodinu. Ale mohli by ste ísť aj
까쥬두　뽈호뒤누　알레 모홀리 비 스떼 이슷뜨 아이
električkou. Premávajú každých päť minút.
엘렉뜨리츄꼬우　쁘레마바유　까쥬디흐　뺏뜨 미눗

○ 30분에 한 번씩 와요. 그렇지만 전차를 타고 가실 수도 있어요. 5분에 한 번씩 오거든요.

Prepáčte, ako sa dostanem do fakultnej
쁘레빠츄떼　아꼬 싸 도스따넴　도 파꿀뜨네이
nemocnice?
녜모쯔니쩨

○ 실례지만, 대학 병원에 어떻게 갑니까?

Myslím, že musíte ísť električkou. Choďte rovno
미슬림 줴 무씨떼 이슷뜨 엘렉뜨리츄꼬우 호뜨떼 로브노
a na ľavej strane uvidíte zastávku električky.
아 나 랴베이 스뜨라네 우비뒈떼 자스따우꾸 엘렉뜨리츄끼

🔵 전차를 타고 가셔야 할 것 같아요. 곧장 가시면 왼편에 전차 정거장을 보실 수 있을 거예요.

Môžete mi povedať, ako sa dostanem na Hrad
무오줴떼 미 뽀베닷뜨 아꼬 싸 도스따넴 나 흐라드
Devín*?
데빈

🔵 데빈 성에 어떻게 가는지 말씀해 주실 수 있는지요?

*** 브라띠슬라바에 가면 데빈(Devín) 성은 꼭 볼만하다. 다뉴브(Dunaj)강과 모라바(Morava)강이 합류하는 지점의 깎아지른 듯한 절벽에 세워진 데빈 성은 10여 세기에 걸쳐 그 자리를 지켜오고 있는 역사의 흔적이다. 처음에는 켈트족의 거주지였고 이후 대모라비아 제국의 군사요새의 역할을 수행했고, 프랑크 왕국의 확장에 저항하는 중심지가 되기도 하였다. 이후 나폴레옹과 그의 군사들이 이곳에 도래하여 1809년 성채로 사용하였으며, 다른 정복지로 이동하기 전에 이곳의 성곽을 훼손시켜버렸다. 슬로바키아의 민족의식 고취와 언어 발전에 공헌한 류도빗 슈뚜르(Ľudovít Štúr)는 학생 그룹을 이끌고 데빈 언덕에서 슬로바키아 민족의 자주성을 위한 투쟁을 실현해 갈 계획을 공표하였으며, 1945년 세계 제2차 대전 중 독일의 점령기 동안 슬로바키아는 자신들의 영토에 대한 권리를 쟁취하여 이곳 데빈을 국가 문화재로 지정하였다. 데빈은 브라띠슬라바 시내 스따레 메스또(Staré mesto)에서 12km정도 떨어진 곳에 위치하고 있으며, 이곳에서 내려다 보는 브라띠슬라바의 평원과 강이 이루는 절묘한 조화는 보는 이의 시선을 매료시켜버릴 정도로 무척이나 아름답다.

Odtiaľto je to ďaleko. Choďte radšej autobusom
오뜨뛰알르또 예 또 달레꼬 호뜨떼 라쥐쉐이 아우또부쏨
číslo dvesto päť (205), potom na Kollárovom
취슬로 드베스또 뺏뜨 뽀똠 나 꼴라로봄

prestúpte na autobus číslo X9 a vystúpte na
쁘레스뚭떼 나 아우또부쓰 취슬로 익쓰 데베뜨 아 비스뚭떼 나
konečnej zastávke.
꼬네츄네이 자스따우께

◌ 여기서 멀어요. 차라리 버스 205번을 타고 꼴라로비에서 X9번 버스로 갈아타셔서 종점에서 내리세요.

Ako sa dostanem do Vysokých Tatier?
아꼬 싸 도스따넴 도 비쏘끼흐 따띠에르

◌ 비소께 따뜨리에는 어떻게 갑니까?

Vlakom. Trvá to približne 4 hodiny.
블락꼼 뜨르바 또 쁘리블리쥬네 슈띠리 호뒤니

◌ 기차로요. 약 4시간 걸려요.

> V požičovni áut (프 뽀쥐쵸브뉘 아웃) 렌터카 서비스

Dobrý deň, čo môžem pre vás urobiť?
도브리 뎬 쵸 무오쥄 쁘레 바쓰 우로빗뜨

◌ 안녕하세요, 뭘 도와 드릴까요?

Chcel(a) by som požičať auto.
흐쩰(라) 비 쏨 뽀쥐챳뜨 아우또

◌ 자동차를 렌트하려고 합니다.

Želáte si nejakú špeciálnu značku?
쩰라떼 씨 녜야꾸 슈뻬찌알누 즈나츄꾸

◌ 어떤 특별한 브랜드의 차량을 원하십니까?

Je v cene zahrnuté poistenie?
예 프 쩨네 자흐르누떼 뽀이스떼뉴에

◯ 가격 안에 보험도 포함되어 있습니까?

Poistenie vozidla nezahŕňa poistenie vodiča,
뽀이스떼뉴에 보지들라 녜자흐르냐 뽀이스떼뉴에 보뒤촤

ani osôb na ďalších sedadlách.
아뉘 오쑤웁 나 달쉬흐 쎄다들라흐

◯ 렌트 차량 보험은 운전자를 포함해 동승한 다른 승객들에 관한 보험은 포함하고 있지 않습니다.

Na území Slovenskej republiky nie je dovolené
나 우제미 슬로벤스께이 레뿌블리끼 뉘에 예 도볼레네

vodičovi požiť žiadne alkoholické nápoje.
보뒤쵸비 뽀쥣뜨 쥐아드네 알꼬홀리쯔께 나뽀에

◯ 슬로바키아 영토에서는 주행시 운전자에게 알코올은 절대 금하고 있습니다.

Tu je môj medzinárodný vodičský preukaz.
뚜 예 무오이 메드지나로드니 보뒤츄스끼 쁘레우까쓰

◯ 여기 제 국제 운전 면허증이 있습니다.

Môžem vidieť cenník áut?
무오쥌 비뒤엣뜨 쩨눠 아웃

◯ 요금표를 볼 수 있습니까?

Môžem vidieť to auto predtým, než ho požičiam?
무오쥌 비뒤엣 또 아우또 쁘레드띰 녜슈 또
뽀쥐취암

◯ 빌리기 전에 그 차를 볼 수 있습니까?

Mám vrátiť auto s plnou nádržou?
맘 브라띗뜨 아우또 스 쁠노우 나드르죠우

🡆 기름을 가득 채워 반환해야 합니까?

Ako môžem zaplatiť?
아꼬 무오쳄 자쁠라띗뜨

🡆 어떻게 지불하면 됩니까?

Za prenájom sa platí vopred pri preberaní auta,
자 쁘레나욤 싸 쁠라뛰 보쁘레드 쁘리 쁘레베라뉘 아우따

buď hotovosťou alebo kreditnou kartou.
부뜨 호또보스또우 알레보 끄레디뜨노우 까르또우

🡆 렌트비는 차를 대여하기 전에 미리 현금이나 신용카드로 지불하시면 됩니다.

Ako postupovať pri nehode a v prípade poruchy?
아꼬 뽀스뚜뽀밧뜨 쁘리 네호데 아 프 쁘리빠데 뽀루히

🡆 사고 발생시나 고장시에는 어떻게 해야 합니까?

Čo ak vrátim auto skôr?
쵸 악 브라띔 아우또 스꾸오르

🡆 차를 계약 기간보다 빨리 반환하려면 어떻게 해야 합니까?

Čo ak si chcem auto ponechať dlhšie ako som
쵸 악 씨 흐쳄 아우또 뽀네핫뜨 들흐쉬에 아꼬 쏨

uzavrel zmluvu?
우자브렐 즈믈루부

🡆 차를 계약 기간보다 더 오래 렌트하려면 어떻게 해야 합니까?

Zabezpečíte nám mapu Slovenska, Bratislavy i ostatných miest?
자베스뻬취떼 남 마뿌 슬로벤스까 브라띠슬라비 이
오스따뜨니흐 미에스뜨

○ 슬로바키아, 브라띠슬라바 그리고 다른 도시들의 지도를 제공해 주십니까?

Neúčtujete žiadne príplatky za najazdené kilometre?
녜우츄뚜예떼 쥐아드네 쁘리쁠라뜨끼 자 나야즈데네
낄로메뜨레

○ 주행거리에는 제한이 없습니까?

Kde je tu najbližšia benzínová pumpa?
그뎨 예 뚜 나이블리쥬쉬아 벤지노바 뿜빠

○ 여기서 가장 가까운 주유소가 어디에 있습니까?

Natankujte plnú nádrž, prosím.
나땅꾸이떼 쁠누 나드르슈 쁘로씸

○ 휘발유 가득 채워 주세요.

유용한 표현 Užitočné výrazy

Prosím vás, pomohli by ste mi? Zablúdil(a) som.
쁘로씸 바쓰 뽀모흘리 비 스떼 미 자블루딜(라) 쏨

○ 죄송하지만 저를 도와주실 수 있나요? 길을 잃었어요.

Môžem tam ísť pešo?
무오쳄 땀 이슷뜨 뻬쇼

◯ 거기까지 걸어갈 수 있나요?

Je hlavná stanica odtiaľto ďaleko?
예 흘라브나 스따뉘짜 오뜨뛰알또 달레꼬

◯ 여기에서 중앙역이 멉니까?

Áno, je to veľmi ďaleko.
아노 예 또 벨미 달레꼬

◯ 예, 아주 멀어요.

Nie, nie je to ďaleko.
뉘에 뉘에 예 또 달레꼬

◯ 아니오, 멀지 않아요.

Nie, je to dosť blízko.
뉘에 예 또 도스뜨 블리스꼬

◯ 아니오, 꽤 가까워요.

Kam ide tento autobus?
깜 이데 뗀또 아우또부쓰

◯ 이 버스는 어디로 갑니까?

Ide táto električka do centra?
이데 따또 엘렉뜨리츄까 도 쩬뜨라

◯ 이 전차는 시내로 갑니까?

Kde mám vystúpiť?
그데 맘 비스뚜삣뜨

◯ 어디서 내려야 합니까?

유용한 단어 Užitočné slová

rovno [로브노] 곧장, 직진해서
vpravo [프쁘라보] 오른쪽에
vľavo [블랴보] 왼쪽에
vpredu [프쁘레두] 앞에
vzadu [브자두] 뒤쪽에
uprostred [우쁘로스뜨레뜨] 가운데에, 중앙에
tu [뚜] 여기에
tam [땀] 저기에, 저기로
nahor [나호르] 위로
dolu [돌루] 밑으로
von [본] 밖으로
doprava [도쁘라바] 오른쪽으로
doľava [돌랴바] 왼쪽으로
dopredu [도쁘레두] 앞으로
dozadu [도자두] 뒤로
sem [쎔] 여기로, 이리로
hore [호레] 위에
dole [돌레] 밑에
vonku [봉꾸] 밖에

nastúpiť (do autobusu, do električky) [나스뚜삣뜨 (도 아우또부쑤, 도 엘렉뜨리츄끼)] (버스에, 전차에) 승차하다.
vystúpiť (z autobusu, z električky) [비스뚜삣뜨 (즈 아우또부쑤, 즈 엘렉뜨리츄끼)] (버스에서, 전차에서) 하차하다.
autobusová zastávka [아우또부쏘바 자스따우까] 버스 정거장
nasledujúca zastávka [나슬레두유짜 자스따우까] 다음 정거장
konečná zastávka [꼬녜츄나 자스따우까] (버스나 전차의) 종점
posledný [뽀슬레드니] 마지막의
predposledný [쁘레뜨뽀슬레드니] 끝에서 두 번째의
jednosmerná premávka [예드노스메르나 쁘레마우까] 일방통행
dopravná špička [도쁘라브나 슈뻬츄까] 러시 아워
dopravný policajt [도쁘라브니 뽈리짜이뜨] 교통경찰
auto [아우또] 자동차
električka [엘렉뜨리츄까] 전차
taxík [딱씩] 택시
prechod [쁘레호뜨] 횡단보도
autobus [아우또부쓰] 버스
metro [메뜨로] 지하철
lanovka [라노우까] 케이블카
semafory [쎄마포리] 신호등

križovatka [끄리죠바뜨까] 교차로, 사거리
vchod [프호뜨] 입구 východ [비호뜨] 출구
vstup voľný [프스뚭 볼니] 무료 입장
vstup zakázaný [프스뚭 자까자니] 출입 금지
Zákaz vstupu [자까쓰 프스뚜뿌] (차량의) 진입금지
fajčenie zakázané [파이췌니에 자까자네] 금연
vstupné [프스뚜브네] 입장료
otvorené [오뜨보레네] 열려있음, 영업중
zatvorené [자뜨보레네] 닫혀있음, 휴업중

[Auto (아우또) 자동차]
automechanik [아우또메하닉] 자동차 정비공
autoservis [아우또쎄르비쓰] 자동차 정비소
autoškola [아우또슈꼴라] 자동차 학원
benzín [벤진] 휘발유, 가솔린
bezínová pumpa [벤지노바 뿜빠] 주유소
bezpečnostný pás [베스뻬츄노스뜨니 빠쓰] 안전벨트
bočné zrkadlá [보츄네 즈르까들라] 사이드 미러
spätné zrkadlo [스빼뜨네 즈르까들로] 백미러
brzda [브르즈다] 브레이크 chladič [흘라뒤츄] 냉각 장치
diaľnica [뒤알뉘짜] 고속도로
kľúč od auta [끌류츄 오드 아우따] 자동차키
motor [모또르] 엔진
motorový olej [모또로비 올레이] 엔진오일
obchádzka [오쁘하스까] 우회(로) plyn [쁠린] 액셀러레이터
pneumatika [쁘네우마띠까] 타이어 poistenie [뽀이스뗴뉘에] 보험
požičovňa áut [뽀쥐쵸브냐 아웃] 렌터카 서비스
predné sklo [쁘레드네 스끌로] 자동차 앞유리
prekročenie rýchlosti [쁘레끄로췌뉘에 리흘로스뜨] 속도위반
smerové svetlá [스메로베 스베뜰라] 방향등

spojka [스쁘이까] 클러치 stierač [스뛰에라츄] 와이퍼
vodičský preukaz [보뒤츄스끼 쁘레우까쓰] 운전 면허증
volant [볼란뜨] 운전대, 핸들 vozovka [보조우까] 도로

11 호텔에서 V hoteli

Mohol by som dostať jednoposteľovú izbu so sprchou?
모홀 비 쏨 도스땃뜨 예드노뽀스뗄로부 이즈부 쏘 스쁘르호우

🔵 샤워실이 딸린 싱글룸 있습니까?

Ako dlho sa zdržíte?
아꼬 들호 싸 즈드르쥐떼

🔵 얼마나 머무실거죠?

Dve alebo tri noci.
드베 알레보 뜨리 노찌

🔵 이틀이나 삼일 정도요.

Potrebujem dvojposteľovú izbu s kúpeľňou.
뽀뜨레부엠 드보이뽀스뗄로부 이즈부 스 꾸뻴뇨우

🔵 욕실이 딸린 더블룸이 필요합니다.

Samozrejme. Ako dlho sa zdržíte?
싸모즈레이메 아꼬 들호 싸 즈드르쥐떼

🔵 물론이죠. 얼마나 머무실거죠?

Len túto noc. Koľko účtujete za dvojposteľovú izbu?
렌 뚜또 노쯔 꼴르꼬 우츄뚜예떼 자 드보이뽀스뗄로부 이즈부

🔵 오늘 밤만 머물거예요. 더블룸은 가격이 어떻게 됩니까?

Dvesto dvadsať euro aj s raňajkami. Dám vám
드베스또 드바짯 에우로 아이 즈 라냐이까미 담 밤

izbu päťsto sedem na piatom poschodí. Tu je
이즈부 뺏스또 쎄뎀 나 삐아똠 뽀스호뒤 뚜 예

kľúč. Naši pracovníci vám odnesú batožinu do
끌류츄 나쉬 쁘라쪼브뉘찌 밤 오드네쑤 바또쥐누 도

izby. Výťah je na konci haly.
이즈비 비땨흐 예 나 꼰찌 할리

○ 아침식사 포함해서 220유로입니다. 5층의 507호를 드리겠습니다. 여기 열쇠가 있습니다. 저희 직원들이 수트 케이스를 방으로 가져다 드릴겁니다. 엘리베이터는 로비 끝쪽에 있습니다.

Áno, ďakujem.
아노 댜꾸엠

○ 예, 감사합니다.

Máte nejaké voľné izby? Potrebujem
마떼 네야께 볼네 이즈비 뽀뜨레부엠

jednoposteľovú izbu na túto noc.
예드노뽀스뗄로부 이즈부 나 뚜또 노쯔

○ 빈 방 있습니까? 오늘 밤 묵을 싱글룸이 필요한데요.

Máte rezerváciu?
마떼 레제르바찌우

○ 예약하셨습니까?

Nie.
뉘에

○ 아니오.

Je mi ľúto, ale už máme plne obsadené.
예 미 류또 알레 우슈 마메 쁠네 옵싸데네

◯ 유감이지만, 빈 방이 없습니다.

Mohli by ste mi povedať, o ktorej sa podávajú raňajky?
모홀리 비 스떼 미 뽀베닷뜨 오 끄또레이 싸 뽀다바유
라냐이끼

◯ 몇 시에 아침식사를 제공하는지 말씀해주시겠습니까?

Od siedmej do desiatej. Raňajky sa podávajú formou švédskych stolov v hotelovej reštaurácii.
오뜨 씨에드메이 도 데씨아떼이 라냐이끼 싸 뽀다바유
포르모우 슈베뜨스끼흐 스똘로우 브 호뗄로베이 레슈따우라찌이

◯ 7시부터 10시까지입니다. 아침식사는 호텔 레스토랑에서 뷔페 형식으로 제공됩니다.

Mohli by ste ma ráno o pol siedmej zobudiť?
모홀리 비 스떼 마 라노 오 뽈 씨에드메이 조부딧뜨

◯ 내일 6시 30분에 모닝콜 해주실 수 있습니까?

Iste, pane. Aké je číslo vašej izby?
이스떼 빠네 아께 예 취슬로 바쉐이 이즈비

◯ 물론입니다. 룸넘버가 어떻게 됩니까?

Sedemsto deväť. Ďakujem.
쎄뎀스또 데벳뜨 댜꾸옘

◯ 709호입니다. 감사합니다.

Musím, bohužiaľ, zrušiť rezerváciu izby na
무씸 보후쥐알 즈루쉿뜨 레제르바찌우 이즈비 나

devätnásteho na meno Bo Ram KIM.
데벳나스떼호 나 메노 보람 김

🡒 김보람이라는 이름으로 19일 날로 예약된 방을 유감이지만 취소해야 겠습니다.

Chcel by som izbu s pekným výhľadom na mesto.
흐쩰 비 쏨 이즈부스 뻬끄님 비흘랴돔 나 메스또

🡒 시내가 보이는 전망 좋은 방을 원합니다.

Kedy je check-in a check-out?
께디 예 체크인 아 체크아웃

🡒 체크인과 체크아웃 타임이 언제입니까?

Check-in začína o štrnástej a check-out je do
체크인 자취나 오 슈뜨르나스떼이 아 체크아웃 예 도

dvanástej.
드바나스떼이

🡒 체크인은 14시에 시작되고 체크아웃은 정오까지입니다.

Je tu v hoteli zmenáreň? Potrebujeme si
예 뚜 브 호뗄리 즈메나렌느 뽀뜨레부예메 씨

zameniť peniaze.
자메닛뜨 뻬뉴아제

🡒 여기 호텔내에 환전소가 있습니까? 환전을 할 필요가 있는데요.

Áno, zmenáreň je hneď vedľa recepcie.
아노 즈메나렌느 예 흐네드 베들랴 레쩹찌에

🡒 예, 환전소는 리셉션 데스크 바로 옆에 있습니다.

Môžem tu niekde využívať internetovú službu?
무오쳄 뚜 뉘에그데 비우쥐밧뜨 인떼르넷또부 슬루쥬부

🔵 여기 어디서 인터넷 서비스 이용할 수 있습니까?

Samozrejme, na druhej strane haly je internet
싸모즈레이메 나 드루헤이 스뜨라네 할리 예 인떼르넷

dostupný pre hostí.
도스뚜쁘니 쁘레 호스뙤

🔵 물론입니다. 로비 반대편에 고객용 인터넷이 있습니다.

유용한 표현 Užitočné výrazy

Bývam v hoteli Dunaj.
비밤 브 호뗄리 두나이

🔵 나는 두나이 호텔에 머물고 있습니다.

Dajte mi kľúč od izby 511 prosím.
다이떼 미 끌류츄 오드 이즈비 뼷쏘예데나스뜨 쁘로씸

🔵 511호 룸키 주세요.

Chcel(a) by som odísť o deň skôr.
흐쩰(라) 비 쏨 오뒤숫뜨 오 뎬 스꾸오르

🔵 하루 일찍 떠나고 싶습니다.

Môžem zrušiť rezerváciu?
무오쳄 즈루쉿뜨 레제르바찌우

🔵 예약을 취소할 수 있나요?

V kúpeľni netečie teplá voda.
프　　꾸뻴뉘　　네떼취에　떼쁠라　　보다

➲ 욕실에 따뜻한 물이 나오지 않아요.

Záchod nesplachuje
자호뜨　　　　네스쁠라후에

➲ 화장실이 막혔어요.

Mohli by ste upratovať izbu?
모홀리　　비　스떼　우쁘라또밧뜨　이즈부

➲ 방을 청소해 주시겠어요?

Táto izba sa mi nepáči.
따또　　이즈바　싸　미　네빠취

➲ 이 방이 제 마음에 들지 않는군요.

Chcel(a) by som vymeniť izbu.
흐쩰(라)　　비　쏨　　비메닛뜨　　이즈부

➲ 방을 바꾸고 싶습니다.

-Izba je príliš tmavá.
이즈바　예　쁘릴리슈　뜨마바

➲ 방이 너무 어두워요.

-Izba je príliš malá.
이즈바　예　쁘릴리슈　말라

➲ 방이 너무 작아요.

-Izba je príliš studená.
이즈바　예　쁘릴리슈　스뚜데나

➲ 방이 너무 추워요.

-Izba je príliš hlučná.
이즈바 예 쁘릴리슈 흘루츄나

🟢 방이 너무 시끄러워요.

Môžem tu do večera nechať svoju batožinu?
무오쳄 뚜 도 베췌라 녜핫뜨 스보유 바또쥐누

🟢 저녁때까지 제 짐을 이곳에 놓아두어도 될까요?

Organizujete okružné zájazdy?
오르가니주예떼 오끄루쥬네 자야즈디

🟢 시티투어도 제공하십니까?

Koľko stojí vyhliadková jazda (jazda so
꼴꼬 스또이 비흘리아뜨꼬바 야즈다 (야즈다 쏘

sprievodcom)?
스쁘리에보드쫌)

🟢 (가이드가 있는) 관광 여행은 얼마입니까?

Zavolajte mi, prosím, taxík.
자볼라이떼 미 쁘로씸 딱씩

🟢 택시를 불러주십시오.

Zaplatím v hotovosti.
자쁠라띰 브 호또보스뛰

🟢 현금으로 지불하겠습니다.

Zaplatím kreditnou kartou.
자쁠라띰 끄레디뜨노우 까르또우

🟢 신용카드로 지불하겠습니다.

Podpíšte sa, prosím.
뽀뜨삐슈떼　싸　쁘로씸

○ 서명해 주십시오.

Akú máte štátnu poznávaciu značku?
아꾸　마떼　슈따뜨누　뽀즈나바찌우　즈나츄꾸

○ 귀하의 자동차 번호가 어떻게 됩니까?

Váš pas, prosím.
바슈　빠쓰　쁘로씸

○ 여권을 제시해 주십시오.

유용한 단어 Užitočné slová

batožina [바또쥬나] 짐
čas odubytovania (check-out) [촤쓰 오드우비또바니아 (체크아웃)] 체크아웃 타임
čas ubytovania (check-in) [촤쓰 우비또바니아 (체크인)] 체크인 타임
chyžná [히쥬나] 룸메이드
dvojposteľová izba [드보이뽀스뗄료바 이즈바] 더블룸
jednoposteľová izba [예드노뽀스뗄료바 이즈바] 싱글룸
klimatizácia [끌리마띠자찌아] 에어컨, 냉방
kufor [꾸포르] 수트케이스　　　kúpelňa [꾸뻴냐] 욕실
- ručník [루츄닉] 타월, 수건　　kúrenie [꾸레뉘에] 난방
minibar [미니바르] 미니바
okružné a tématické zájazdy [오끄루쥬네 아 떼마띠쯔께 자야즈디] 시티투어 와 테마투어
parkovanie [빠르꼬바뉘에] 주차
ranné zobudenie [란네 조부데뉘에] 모닝콜

recepcia [레쩹찌아] 리셉션 데스크
recepčný / recepčná [레쩹츄니 / 레쩹츄나] 리셉셔니스트
rezervácia [레제르바찌아] 예약   sauna [싸우나] 사우나
sprcha [스쁘르하] 샤워(실)
sprchový kút [스쁘르호비 꿋] 샤워부스
telefón [뗄레폰] 전화   trezor [뜨레조르] (안전)금고
ubytovanie [우비또바뉘에] 숙소   vaňa [바냐] 욕조
výťah [비따흐] 엘리베이터

12 집 구하기 Prenájom bytu

V realitnej kancelárii (브 레알리뜨네이 깐쩰라리이) **부동산 사무실에서**

Chcel(a) by som si prenajať byt.
호쩰(라) 비 쏨 씨 쁘레나얏드 빗
➲ 집을 세 얻고 싶은데요.

Máte záujem o veľký alebo malý byt?
마떼 자우엠 오 벨끼 알레보 말리 빗
➲ 큰 집에 관심이 있으신가요 아니면 작은 집에 관심이 있으신가요?

Chcel(a) by som trojizbový byt v centre mesta.
호쩰(라) 비 쏨 뜨로이이즈보비 빗 프 쩬뜨레 메스따
➲ 시내 중심지에 있는 방 세 개가 딸린 집을 원합니다.

Máme tu nejaké ponuky. V Starom meste na
마메 뚜 네야께 뽀누끼 프 스따롬 메스떼 나
Svetlej ulici máme jednoizbové a trojizbové byty.
스베뜰레이 울리찌 마메 예드노이즈보베 아 뜨로이이즈보베 비띠
➲ 여기 임대용 주택이 몇 건 있습니다. 구시가의 스베뜰라가(街)에 방 한 개가 딸린 집과 방 세 개가 딸린 집이 나와 있습니다.

Aj na Zámockej ulici máme lukratívny
아이 나 자모쯔께이 울리찌 마메 루끄라띠브니
trojizbový byt. Je to veľmi pekne zariadený a
뜨로이이즈보비 빗 예 또 벨미 뻬끄네 자리아데니 아
rekonštruovaný byt.
레꼰슈뜨루오바니 빗

○ 자모쯔까가(街)에도 방 세 칸이 있는 근사한 집이 나와 있어요. 아주 멋지게 가구가 갖추어져 있고 재건축된 집이지요.

Sú tam dve kúpeľne, slnečná terasa s krásnym
쑤   땀   드베   꾸뻴네   슬네츄나   떼라싸 쓰   끄라쓰님
výhľadom, káblová TV, satelit.
비흘랴돔   까블로바   떼베   싸뗄릿

○ 그곳에는 욕실이 두 개, 햇빛이 잘 드는 전망 좋은 테라스, 케이블 티비와 위성티비가 있어요.

Byt je možné zariadiť nábytkom podľa želania
빗   에   모쥬네   자리아딧뜨   나비뜨꼼   뽀들랴   젤라뉴아
klienta. Parkovanie je zabezpečené v
끌리엔따   빠르꼬바뉘에   예   자베스뻬췌네   프
podzemnej garáži.
뽀드젬네이   가라쥐

○ 집은 고객의 요청에 맞춘 가구로 꾸밀 수도 있습니다. 주차는 지하 주차장에 마련되어 있고요.

A nie je to veľmi drahé?
아   뉘에   예   또   벨미   드라헤

○ 너무 비싸지 않을까요?

Nájomné je 2000 euro mesačne. Poplatky za
나욤네   예   드바뛰씨쯔 에우로   메싸츄네   뽀쁠라뜨끼   자
elektrinu, vodu, plyn a telefón sa platia zvlášť.
엘렉뜨리누   보두   쁠린 아   뗄레폰   싸   쁠라뛰아   즈블라슈뜨

○ 집세는 매달 2000유로입니다. 전기, 수도, 가스 그리고 전화세는 따로 지불하셔야 하고요.

Dobre. Môžem vidieť fotografie alebo plány?
도브레   무오쳄   비뒤엣뜨   포또그라피에   알레보   쁠라니

◯ 좋아요. 사진이나 도면 볼 수 있을까요?

Samozrejme. Tu sú. Byt je na druhom poschodí.
싸모즈레이메   뚜 쑤   빗 예 나   드루홈   뽀스호듸

◯ 물론입니다. 여기 있어요. 집은 2층에 있어요.

Byt má vlastné kúrenie a klimatizáciu.
빗   마   블라스뜨네   꾸레뉘에   아   끌리마띠자찌우

◯ 집은 개별난방과 에어컨 시설도 되어 있습니다.

Kúrenie je elektrické. Kuchyňa je plne vybavená.
꾸레뉘에   예   엘렉뜨리쯔께   꾸히냐   예   쁠네   비바베나

Sú tam elektrický sporák, chladnička, mikrovlná rúra,
쑤   땀   엘렉뜨리쯔끼   스뽀락   흘라드뉘츄까   미끄로블나 루라

rýchlovarná kanvica, kávovar a jedálenský stôl.
리흘로바르나   깐비짜   까보바르 아   예달렌스끼   스뚜올

◯ 전기난방입니다. 부엌은 설비가 갖추어져 있고요. 전기 조리대, 냉장고, 마이크로웨이브 오븐, 전기포트, 커피메이커 그리고 식탁이 있어요.

V obývacej izbe je kachľová pec na drevo,
브   오비바쩨이   이즈베 예   까흘료바   뻬쯔 나   드레보

gauč, okrúhly stôl, vitrína, počítač a tak ďalej.
가우츄   오끄루흘리 스뚜올   비뜨리나   뽀취따츄 아 딱   달레이

◯ 거실에는 나무를 때는 타일 벽난로, 카우치, 둥근 탁자, 장식장, 컴퓨터 등이 있습니다.

V spálni je veľká posteľ a skriňa.
프   스빨뉘 예   벨까   뽀스뗄   아 스끄리냐

◯ 침실에는 큰 침대와 옷장이 있고요.

Tento byt sa mi veľmi páči. Je už k dispozícii ?
뗀또　　빗　싸　미　벨미　　빠취　예 우슈 그　디스뽀지찌이

◐ 이 집 정말 제 맘에 드는군요. 집이 이미 비어 있는지요?

Áno, môžete tam bývať od prvého mája, to je
아노　무오줴떼　땀　비밧뜨 오뜨　쁘르베호　마야　또 예

presne za štrnásť dní.
쁘레쓰네　자 슈뜨르나슷뜨 드뉘

◐ 예, 5월 1일부터 입주하실 수 있어요, 정확히 14일 후부터요.

Beriem si tento byt. Ďakujem pekne.
베리엠　씨 뗀또　빗　댜꾸엠　　빼끄네

◐ 이 집으로 정할게요. 정말 고마워요.

유용한 표현 Užitočné výrazy

Hľadám byt na prenajímanie na jeden rok.
흘랴담　　빗 나　쁘레나이마뉘에　나　예덴　록

◐ 일 년 동안 세 들어 살 집을 구하고 있습니다.

Hľadám byt blízko k centru mesta.
흘랴담　　빗　블리스꼬 끄　쩬뜨루　메스따

◐ 시내에서 가까운 집을 구하고 있습니다.

Hľadám podnájom v garsonke, prípadne v
흘랴담　　쁘드나욤　브　가르송께　　쁘리빠드네　브

jednej izbe.
예드네이 이즈베

12
집
구
하
기

◯ 독신자 아파트나 경우에 따라서는 원룸 아파트를 구하고 있습니다.

Môžem sa pozrieť na ten byt?
무오쳄   싸 쁘즈리엣뜨 나 뗀   빗

◯ 그 집을 볼 수 있을까요?

Mám zaplatiť zálohu?
맘   자쁠라띳뜨   잘로후

◯ 보증금을 지불해야 합니까?

Nemáte niečo lacnejšie?
네마떼   니에쵸   라쯔네이쉬에

◯ 더 싼 것은 없습니까?

유용한 단어 Užitočné slová

balkón [발꼰] 발코니   byt [빗] 공동주택, 아파트
jednoizbový byt [예드노이즈보비 빗] = izba a kuchyňa (1+1)
dvojizbový byt [드보이이즈보비 빗] = 2 izby a kuchyňa (2+1)
trojizbový byt [뜨로이이즈보비 빗] = 3 izby a kuchyňa (3+1)
štvorizbový byt [슈뜨보르이즈보비 빗] = 4 izby a kuchyňa (4+1)
digestor [디게스또르] 부엌의 환풍기   dom [돔] 단독주택
elektrické radiátory [엘렉뜨리쯔께 라디아또리] 전기 라디에이터
garáž [가라슈] 주차장   izba [이즈바] 방
jedálenský stôl [예달렌스끼 스뚜올] 식탁
kachľová pec [까흘료바 뻬쯔] 타일로 된 벽난로
kuchyňa [꾸히냐] 부엌, 주방   majiteľ bytu [마이뗄 비뚜] 집주인
mikrovlná rúra [미끄로블나 루라] 마이크로웨이브 오븐
nábytok [나비똑] 가구

nemovitý majetok [네모비띠 마에똑] 부동산
movitý majetok [모비띠 마에똑] 동산
obývacia izba (obývačka) [오비바찌아 이즈바 (오비바츄까)] 거실
parkovanie [빠르꼬바뉘에] 주차 podkrovie [뽀뜨끄로비에] 다락(방)
poschodie [뽀쓰호뒤에] 층
realitná kancelária [레알리뜨나 깐첼라리아] 부동산 사무실, 부동산 소개소
rozloha bytu [로즐로하 비뚜] 집 넓이, 평수
spálňa [스빨냐] 침실 strecha [스뜨레하] 지붕
strop [스뜨롭] 천장 tapeta [따뻬따] 벽지
terasa [떼라싸] 테라스
elektrické kúrenie [엘렉뜨리쯔께 꾸레뉘에] 전기난방
podlahové kúrenie [뽀들라호베 꾸레뉘에] 바닥난방
ustredné kúrenie [우스뜨레드네 꾸레뉘에] 중앙난방
vlastné kúrenie [블라스뜨네 꾸레뉘에] 개별난방, 단독난방
vila [빌라] 빌라, 고급주택 záchod [자호뜨] 화장실
zariadený [자리아데니] 가구가 갖추어진
nezariadený [네자리아데니] 가구가 갖추어지지 않은
kompletne zariadený [꼼쁠레뜨네 자리아데니] 가구가 완벽하게 갖추어진
čiastočne zariadený [챠스또츄네 자리아데니] 부분적으로 가구가 갖추어진
zmluva na prenájom [즈믈루바 나 쁘레나욤] 집 계약서
uzavrieť nájomnú zmluvu na prenájom [우자브리엣뜨 나욤누 즈믈루부 나 쁘레나욤] 집 계약서를 체결하다
žalúzie [좔루지에] 블라인드, 버티칼

13 은행에서 V banke

Chcel(a) by som si otvoriť účet v banke.
흐쩰(라) 비 쏨 씨 오뜨보릿뜨 우췟 브 방께

◯ 은행 계좌를 개설하려고 하는데요.

Prosím vás, choďte na oddelenie pre styk so
쁘로씸 바쓰 호뛰떼 나 오델레뉘에 쁘레 스띡 조

zákazníkom. Je to na treťom poschodí.
자까즈뉘꼼 에 또 나 뜨레뚐 뽀쓰호뒤

◯ 고객과로 가십시오. 3층에 있습니다.

Aký druh účtu by ste chceli?
아끼 드루흐 우츄뚜 비 스떼 흐쩰리

◯ 어떤 종류의 계좌를 원하십니까?

Chcel(a) by som si založiť bežný účet.
흐쩰(라) 비 쏨 씨 잘로쥣뜨 베쥬니 우췟

◯ (일반) 결제 계좌를 개설하고 싶습니다.

Váš pas, prosím. Podpíšte sa.
바슈 빠쓰 쁘로씸 뽀뜨삐슈떼 싸

◯ 여권을 제시하여 주시고, 서명하십시오.

Chcel(a) by som si vybrať peniaze z účtu.
흐쩰(라) 비 쏨 씨 비브랏뜨 뻬뉘아제 즈 우츄뚜

◯ 계좌에서 돈을 인출하고 싶습니다.

Môžete používať tiež bankomaty. Používanie
무오쩨떼 뽀우쥐밧뜨 뛰에쥬 방꼬맛띠 뽀우쥐바뉘에

bankomatov je zdarma.
빵꼬맛또우 예 즈다르마

○ 현금 인출기도 사용하실 수 있습니다. 현금인출기 사용은 무료입니다.

Chcel(a) by som vložiť peniaze na účet.
흐쩰(라) 비 쏨 블로쥣뜨 뻬뉘아제 나 우쳿

○ 계좌에 돈을 입금하고 싶습니다.

Chcel(a) by som si vybrať 350 euro z účtu.
흐쩰(라) 비 쏨 씨 비브랏뜨 뜨리스또 뺏데씨앗 에우로 즈 우츄뚜

○ 계좌에서 350유로를 인출하려고 합니다.

Peniaze vám dá pokladník pri vedľajšej
뻬뉘아제 밤 다 뽀끌라드닉 쁘리 베들랴이쉐이

priehradke.
쁘리에흐라드께

○ 돈은 옆의 창구 직원이 드릴 거예요.

Môžete mi rozmeniť peniaze?
무오쩨떼 미 로즈메닛뜨 뻬뉘아제

○ 잔돈으로 바꿔주실 수 있습니까?

Ako to chcete vyplatiť?
아꼬 또 흐쩨떼 비쁠라띳뜨

○ 돈을 어떻게 드릴까요?

Jedenkrát sto euro, trikrát päťdesiat euro,
예덴끄랏 스또 에우로 뜨리끄랏 뺏데씨앗 에우로

päťkrát dvadsať euro, prosím.
뺏끄랏 드바짯뜨 에우로 쁘로씸

◐ 100유로 한 장, 50유로 세 장, 20유로 5장 주세요.

Chcel(a) by som si skontrolovať stav na svojom účte.
흐쩰(라) 비 쏨 씨 스꼰뜨롤로밧뜨 스따우 나 스보욤
우츄떼

◐ 제 계좌의 잔고를 확인하고 싶습니다.

Aký je dnes kurz eura k slovenskej korune?
아끼 예 드네쓰 꾸르스 에우라 끄 슬로벤스께이 꼬루네

◐ 대 유로화 슬로바키아 꼬룬의 오늘 환율은 어떻습니까?

Tridsať korún za jedno euro.
뜨리짯뜨 꼬룬 자 예드노 에우로

◐ 1유로에 30꼬룬이에요.

Koľko dolárov je za jedno euro?
꼴꼬 돌라로우 예 자 예드노 에우로

◐ 1유로 당 몇 달러입니까?

Stratil(a) som kreditnú kartu. Chcel(a) by som hneď zablokovať účet.
스뜨라띨(라) 쏨 끄레디뜨누 까르뚜 흐쩰(라) 비 쏨
흐네드 자블로꼬밧뜨 우쳇

◐ 크레딧 카드를 분실했습니다. 제 계좌를 즉시 정지시키고 싶습니다.

Stratil(a) som peňaženku. Mohli by ste mi
스뜨라띨(라) 쏨 뻬냐젱꾸 모흘리 비 스떼 미

vydať novú kreditnú kartu?
비닷뜨   노부   끄레디뜨누   까르뚜

◐ 지갑을 분실했습니다. 제게 새로운 신용카드를 발급해 주실 수 있습니까?

Môžem si tu vymeniť euro šeky?
무오쥄   씨 뚜   비메닛뜨   에우로   쉐끼

◐ 여기서 유로체크를 환전할 수 있습니까?

Chcel(a) by som si vymeniť doláre za euro.
흐쩰(라)   비 쏨   씨   비메닛뜨   돌라레   자   에우로

◐ 달러를 유로화로 환전하고 싶습니다.

유용한 표현 Užitočné výrazy

Chcel(a) by som si vymeniť euro za slovenské
흐쩰(라)   비 쏨   씨   비메닛뜨   에우로   자   슬로벤스께

koruny.
꼬루니

◐ 유로화를 슬로바키아 코루나로 환전하고 싶습니다.

Prepáčte, o koľkej otvárajú banku?
쁘레빠츄떼   오   꼴께이   오뜨바라유   방꾸

◐ 실례지만, 은행이 몇 시에 문을 엽니까?

O pol deviatej.
오   뽈   데비아떼이

◐ 8시 30분에요.

Prepáčte, o koľkej zatvárajú banku?
쁘레빠츄떼 오 꼴께이 자뜨바라유 방꾸

○ 실례지만, 은행이 몇 시에 문을 닫습니까?

O pol piatej.
오 뽈 삐아떼이

○ 4시 30분에요.

Je to oficiálny kurz?
예 또 오피찌알니 꾸르스

○ 공식환율입니까?

Aký je zmenárenský poplatok?
아끼 예 즈메나렌스끼 뽀쁠라똑

○ 환전 수수료는 얼마입니까?

Zmenárenský poplatok je tri percentá.
즈메나렌스끼 뽀쁠라똑 예 뜨리 뻬르쩬따

○ 환전 수수료는 3퍼센트입니다.

Zmenáreň bez poplatku
즈메나렌느 베쓰 뽀쁠라드꾸

○ 수수료 없는 환전소

Kurz amerického dolára včera poklesol(posilnil).
꾸르즈 아메리쯔께호 돌라라 프췌라 뽀끌레쏠 (뽀씰닐)

○ 미국 달러 환율이 어제 하락(상승)했습니다.

유용한 단어 Užitočné slová

akcie [악찌에] 주식   banka [방까] 은행
bankomat [방꼬맛] 현금 인출기, 현금 지급기
bankovka [방꼬우까] 지폐
bankovný účet [방꼬브니 우쳇] 은행계좌
burza [부르자] 증권(시장)   daň [단느] 세금
daň z pridanej hodnoty (DPH) [단느 스 쁘리다네이 호드노띠 (데뻬하)] 부가 가치세
dlžná karta (debetná karta) [들쥬나 까르따 (데벳뜨나 까르따)] 직불카드
euro šeky [에우로 쉐끼] 유로체크
kreditná karta [끄레디뜨나 까르따] 크레딧 카드
kurzovný lístok [꾸르조브니 리스똑] 환율표
minca [민짜] 동전   peňaženka [뻬나줸까] 지갑
pokladník / pokladníčka [뽀끌라드닉 / 뽀끌라드니츄까] 창구직원
pôžička [뿌오쥐츄까] 대출   prevod [쁘레보드] 계좌이체
priehradka [쁘리에흐라뜨까] (은행 등의) 창구
splátka [스쁠라뜨까] 상환금
úroková sadzba [우로꼬바 싸드즈바] 금리
vkladná knižka [프끌라드나 끄니슈까] 예금통장
výmenný kurz koruny k euru [비멘니 꾸르스 꼬루니 끄 에우루]
  대유로화 꼬룬 환율
zdarma [즈다르마] 무료, 공짜   zisk [지스끼] 이익, 이윤
zmenáreň [즈메나렌느] 환전소
zmenárenský poplatok [즈메나렌스끼 뽀쁠라똑] 환전 수수료

14 전화하기 Telefonovanie

Prosím vás, mohli by ste mi povedať, či je tu
쁘로씜   바쓰   모흘리 비 스떼 미 뽀베닷뜨 취 예 뚜
nablízku telefónna búdka?
나블리스꾸   뗄레포나   부뜨까

◯ 실례지만, 여기 가까운 곳에 공중전화가 있는지 말씀해 주실 수 있나요?

Iste. Je na druhej strane za semafórmi.
이스떼 예 나 드루헤이 스뜨라네 자 쎄마포르미

◯ 물론입니다. 건너편에 신호등 뒤에 있습니다.

Môžem hovoriť s pánom Novákom?
무오쳄   호보릿뜨 스 빠놈   노박꼼

◯ 노박 씨와 통화할 수 있을까요?

Pri telefóne.
쁘리   뗄레포네

◯ 전데요.

Dobrý deň, tu je U Ri BÄ.
도브리   덴 뚜 예 우리 배

◯ 안녕하세요, 저 배우리예요.

Mohol by som hovoriť s Evou?
모홀   비 쏨   호보릿뜨 쓰 에보우

◯ 에바와 통화할 수 있을까요?

Obavám sa, že máte zlé číslo.
오바밤 싸 줴 마떼 즐레 취슬로

◐ 전화 잘못하신 것 같군요.

Prepáčte.
쁘레빠츄떼

◐ 죄송합니다.

Dobrý deň, tu je Štefan. Je pán Kováč doma?
도브리 덴 뚜 예 슈떼판 예 빤 꼬바츄 도마

◐ 안녕하세요, 저 슈떼판이에요. 꼬바츄 씨 댁에 계신가요?

Okamih prosím.
오까미흐 쁘로씸

◐ 잠시만 기다리세요.

Dobrý večer, môžem hovoriť s Petrom?
도브리 베췌르 무오쳄 호보릿뜨 쓰 뻬뜨롬

◐ 안녕하세요, 뻬떼르와 통화할 수 있을까요?

Kto volá, prosím?
끄또 볼라 쁘로씸

◐ 실례지만, (전화 하시는 분이) 누구시지요?

Tu je Bo Ram KIM.
뚜 예 보 람 김

◐ 저는 김보람이에요.

Bohužiaľ, momentálne je preč. Chcete nechať
보우쥐알 모멘딸네 예 쁘레츄 흐쩨떼 네핫뜨

odkaz?
오뜨까스

● 죄송하지만, 지금 자리에 없는데요. 메모 남기시겠어요?

Povedzte mu, že som volal(a) a keď príde, nech
뽀베드즈떼 무 줴 쏨 볼랄(라) 아 께뜨 쁘리데 네흐

mi zavolá na mobil.
미 자볼라 나 모빌

● 제가 전화했다고 전해주세요. 그가 돌아오면 제 핸드폰으로 전화 부탁한다고 전해주시고요.

Aké máte číslo na mobil?
아께 마떼 취슬로 나 모빌

● 핸드폰 번호가 어떻게 되나요?

0902 723 051.
눌라 데벳 눌라 드바 쎄뎀 드바 뜨리 눌라 뺏 예드나

● 0902 723 051 이에요.

Si to ty, Sylvia?
씨 또 띠 씰비아

● 실비아, 너야?

Áno, pri telefóne.
아노 쁘리 뗄레포네

● 응, 나야.

Ahoj, tu je Petra. Už som ti dnes trikrát volala,
아호이 뚜 예 뻬뜨라 우슈 쏨 띠 드네쓰 뜨리끄랏 볼랄라

ale nedovolala som sa.
알레 네도볼랄라 쏨 싸

◯ 안녕, 나 뻬뜨라야. 오늘 너한테 세 번이나 전화했는데, 통화가 안 됐어.

Prečo neberieš telefón?
쁘레쵸 네베리에슈 뗄레폰

◯ 너 왜 전화 안 받어?

Nemám náladu.
네맘 날라두

◯ 기분이 안 좋아.

Prosím ťa, hovor hlasnejšie.   Nepočujem ťa.
쁘로씸 땨 호보르 흘라쓰네이쉬에   네뽀츄엠 땨

◯ 말 좀 크게 해 줄래. 너 목소리가 잘 안 들려.

Už je to lepšie?
우슈 예 또 렙쉬에

◯ 이제 좀 괜찮아? (이제 좀 잘 들려?)

Áno, čo je nové?
아노 쵸 예 노베

◯ 응, 뭐 별일 있니?

Nič zvláštne.
뉘츄 즈블라슈뜨네

◯ 아니 별일 없어.

Môžem si od vás zavolať?
무오쉠 씨 오드 바쓰 자볼랏뜨

◯ 전화 좀 써도 될까요?

Samozrejme.
싸모즈레이메

○ 물론입니다.

유용한 표현 Užitočné výrazy

Haló (Prosím)!
할로　　　(쁘로씸)

○ 여보세요!

Aké je vaše telefónne číslo?
아께　예　바쉐　뗄레포네　취슬로

○ 귀하의 전화번호가 어떻게 됩니까?

Bohužial, práve je preč (mimo).
보후쥐알　　　쁘라베　예 쁘레츄　(미모)

○ 죄송하지만, 지금 자리에 없는데요.

Bohužial, teraz tu nie je.
보후쥐알　　　떼라쓰　뚜 뉘에 예

○ 죄송하지만, 지금 여기 없는데요.

Je obsadené.
예　　옵싸데네

○ 통화중입니다.

Zavolajte asi o desať minút.
자볼라이떼　　　아씨 오　데쌋뜨　미눗

○ 약 10분 후쯤 전화하세요.

Zavolajte prosím neskôr.
자볼라이떼 쁘로씸 녜스꾸오르

○ 나중에 전화하세요.

Nikto neberie telefón.
뉘끄또 녜베리에 뗄레폰

○ 아무도 전화를 받지 않습니다.

To je omyl.
또 예 오밀

○ 전화 잘못 하셨습니다.

Máte telefón.
마떼 뗄레폰

○ 전화 왔습니다.

Ďakujem, že ste zavolal(a).
댜꾸엠 줴 스떼 자볼랄(라)

○ 전화 주셔서 고맙습니다.

Telefónna búdka nefunguje.
뗄레포나 부뜨까 녜풍구예

○ 공중전화가 작동하지 않습니다.

Aká je predvoľba na Slovensko?
아까 예 쁘레드볼바 나 슬로벤스꼬

○ 슬로바키아 국가 번호가 어떻게 됩니까?

Môžete to vyhláskovať?
무오줴떼 또 비흘라스꼬밧뜨

○ 철자를 불러주실 수 있습니까?

Prerušilo nás.
쁘레루쉴로 나쓰

🔸 전화가 갑자기 끊겼어요.

Núdzové volania sú zadarmo.
누드조베 볼라뉘아 쑤 자다르모

🔸 긴급(구조) 전화는 무료입니다.

Je tu niekde internetová kaviareň?
예 뚜 뉘에그데 인떼르넷또바 까비아렌

🔸 여기 어디 인터넷 카페가 있습니까?

Ešte nezavesujte!
에슈떼 네자베수이떼

🔸 아직 전화 끊지 마세요!

Pošlite mi to smskou.
뽀슐리떼 미 또 에쓰엠에쓰꼬우

🔸 내게 그걸 문자 메시지로 보내주세요.

Vypnite mobil, prosím.
비쁘뉘떼 모빌 쁘로씸

🔸 핸드폰을 꺼 주십시오.

유용한 단어 Užitočné slová

internetová kaviareň [인떼르넷또바 까비아렌느] 인터넷 카페
klapka [끌랍까] 내선번호
medzimestský hovor [메드지메슷스끼 호보르] 시외전화

medzinárodný hovor [메드지나로드니 호보르] 국제전화
mobil [모빌] 핸드폰
-hlasová schránka [흘라쏘바 스흐랑까] (핸드폰) 음성메시지
-smska [에쓰엠에쓰까] 문자 메시지
-vibračné zvonenie [비브라츄네 즈보네뉘에] 핸드폰 진동 벨소리
poplatok za minútu [뽀쁠라똑 자 미누뚜] 분당 통화료
slúchadlo [슬루하들로] 수화기
telefónna búdka [뗄레포나 부뜨까] (공중)전화 부스
telefónna karta [뗄레포나 까르따] 전화카드
telefónny zoznam [뗄레포니 조즈남] 전화 번호부
telefónny automat na kartu [뗄레폰니 아우또맞 나 까르뚜] 전화카드용 공중전화
telefónny automat na mince [뗄레폰니 아웃또맞 나 민쩨] 동전을 넣는 공중전화
vložiť mincu [블로쥣뜨 민쭈] 동전을 넣다.
volanie na účet volaného [볼라뉘에 나 우쳇 볼라네호] 착불전화
vytočiť číslo [비또췻뜨 취슬로] 전화번호를 누르다 (돌리다).

15 우체국에서 Na pošte

Prosím si známky na list.
쁘로씸 씨 즈남끼 나 리스뜨
- 편지에 부칠 우표 주세요.

Doručia to do zajtra?
도루취아 또 도 자이뜨라
- 내일까지 도착합니까 (배송됩니까)?

Aké je poštovné na pohľadnicu do Južnej Kóree?
아께 예 뽀슈또브네 나 뽀흘랴드뉘쭈 도 유쥬네이 꼬레에
- 한국까지 보내는 엽서는 우편료가 얼마입니까?

Aké je obyčajné poštovné do Anglicka?
아께 예 오비촤이네 뽀슈또브네 도 앙글리쯔까
- 영국까지 보통 우편료는 얼마입니까?

Za koľko príde táto zásielka do Južnej Kóree?
자 꼴꼬 쁘리데 따또 자씨엘까 도 유쥬네이 꼬레에
- 이 소포가 한국에 얼마 후에 도착합니까?

Koľko stojí doporučený list do USA?
꼴꼬 스또이 도뽀루췌니 리스뜨 도 우에쓰아
- 미국까지 등기는 얼마입니까?

Chcel(a) by som poslať tento list doporučene.
흐쩰(라) 비 쏨 뽀슬랏뜨 뗀또 리스뜨 도뽀루췌네
- 이 편지를 등기로 보내고 싶습니다.

Vyplňte podací lístok, prosím.
비쁠녀떼 뽀다찌 리스똑 쁘로씸

◯ 등기표에 기재하세요.

Chcem podať tento balík. Ku ktorému okienku mám ísť?
흐쩸 뽀닷뜨 뗀또 발릭 꾸 끄또레무 오끼엥꾸
맘 이슷뜨

◯ 이 소포를 보내려고 합니다. 어느 창구로 가야 하나요?

Choďte ku okienku číslo 11.
호뜨떼 꾸 오끼엥꾸 취슬로 예데나슷뜨

◯ 11번 창구로 가세요.

Aké je poštovné smerovacie číslo (PSČ) Bratislavy-staré mesto?
아께 예 뽀슈또브네 스메로바찌에 취슬로
브라띄슬라비 스따레 메스또

◯ 브라띠슬라바-스따레 메스또 우편번호가 어떻게 됩니까?

유용한 표현 Užitočné výrazy

Mám nejakú poštu?
맘 녜야꾸 뽀슈뚜

◯ 제게 온 우편물 있습니까?

Už tu bol poštár?
우슈 뚜 볼 뽀슈따르

◯ 우편 집배원이 벌써 다녀갔나요?

Adresát neznámy, vráťte odosielateľovi.
아드레쌋   네즈나미   브라뜻떼   오도씨엘라뗄로비

🢂 수취인 불명, 발송인에게 보내십시오.

Kedy otvárajú poštu?
께디   오뜨바라유   뽀슈뚜

🢂 우체국은 몇 시에 문을 엽니까?

Kde je poštová schránka?
그데   예   뽀슈또바   스흐랑까

🢂 우체통이 어디에 있습니까?

Koľko sa platí za list do Južnej Kóree?
꼴꼬   싸   쁠라띠   자   리스뜨   도   유쥬네이   꼬레에

🢂 한국까지 보내는 편지 우편료는 얼마입니까?

유용한 단어 Užitočné slová

adresát [아드레쌋], príjemca [쁘리엠짜] 수신인
balík [발릭] 소포   doporučené [도뽀루췌네] 등기로
expres [엑스쁘레쓰] 속달
letecká pošta [레떼쯔까 뽀슈따] 항공우편
list [리스뜨] 편지
listový papier [리스또비 빠삐에르] 편지지
miesto určenia [미에스또 우르췌니아] 보낼 곳
nalepiť známku [날레삣뜨 즈남꾸] 우표를 붙이다.
obálka [오발까] 봉투   odosielateľ [오도씨엘라뗄] 발송인
okienko [오끼엥꼬], priehradka [쁘리에흐라뜨까] (은행, 우체국 등의) 창구
podací lístok [뽀다찌 리스똑] 등기표   pohľadnica [뽀홀랴드니짜] 우편엽서

poslať zásielku loďou [뽀슬랏드 자씨엘꾸 로됴우] 배편으로 소포를 부치다.
poštár [뽀슈따르] 우편 집배원   poštovné [뽀슈또브네] 우편료
poštovné smerovacie číslo (PSČ) [뽀슈또브네 스메로바찌에 취슬로] 우편번호
rekomando [레꼬만도] 등기편지   známka [즈남까] 우표

16 건강 Zdravie

Ste trochu bledý/-á. Čo vám je?
스떼 뜨로후 블레디/블레다 쵸 밤 에

❍ 조금 창백해 보이시는군요. 무슨 일 있나요?

Som prechladnutý/á.
쏨 쁘레흘라드누띠/쁘레흘라드누따

❍ 감기 걸렸어요.

Ako je vám?
아꼬 예 밤

❍ 좀 어떠세요?

Je mi oveľa lepšie.
예 미 오벨랴 렙쉬에

❍ 훨씬 좋아졌습니다.

V nemocnici (브 네모쯔늬찌) **병원에서**

Čo vás trápi?
쵸 바쓰 뜨라삐

❍ 어디가 편찮으세요? (어디가 불편하세요?)

Necítim sa dobre. Ráno som zvracal(a), strašne
네찌띰 싸 도브레 라노 쏨 즈브라짤(라) 스뜨라슈네

ma bolí hlava a hrdlo. Mám zimnicu a celý sa
마 볼리 흘라바 아 흐르들로 맘 짐뉘쭈 아 쩰리 싸

potím.
뽀띰

◐ 몸이 좋지 않습니다. 아침에 구토를 했고 머리와 목이 너무 아픕니다. 오한이 나고 온몸에서 땀이 납니다.

Odmerám vám teplotu.
오드메람 밤 떼쁠로뚜

◐ 귀하의 체온을 재어봐야겠습니다.

Prosím otvorte ústa a vyplazte jazyk.
쁘로씸 오뜨보르떼 우스따 아 비쁠라스떼 야직

◐ 입을 열고 혀를 내밀어 보세요.

Je to angína. Budete musieť odpočívať niekoľko
예 또 앙기나 부데떼 무씨엣뜨 오뜨뽀취밧뜨 뉘에꼴고

dní doma a brať lieky.
드뉘 도마 아 브랏뜨 리엑끼

◐ 편도선염입니다. 집에서 며칠 쉬시면서 약을 복용하셔야 될겁니다.

Posledné 2 týždne mám suchý kašeľ a v noci
뽀슬레드네 드바 띠쥬드네 맘 쑤히 까쉘 아 브 노찌

nemôžem spať.
네무오쥌 스빳뜨

◐ 최근 2주 동안 마른 기침이 나오고 밤에는 잠을 잘 수가 없어요.

Fajčíte?
파이취떼

◐ 담배 피우세요?

Áno, fajčím aspoň krabičku cigariet denne.
아노   파이췸   아스뽄느   끄라비츄꾸   찌가리엣   데네

◐ 예, 적어도 하루에 담배 한 갑은 피우는데요.

Musíte prestať fajčiť.
무씨떼   쁘레스땃뜨 파이췻드

◐ 담배를 끊으셔야 합니다.

U zubára (우 주바라) 치과에서

Ktorý zub vás bolí?
끄또리   줍   바쓰   볼리

◐ 어느 이가 아픕니까?

Sadnite si. Čo vás trápi?
싸드늬떼   씨   쵸   바쓰   뜨라삐

◐ 앉으세요. 어디가 불편하십니까?

Už tri dni ma bolí stolička a mám opuchnuté
우슈 뜨리 드늬 마 볼리 스똘리츄까 아 맘   오뿌흐누떼

pravé líce.
쁘라베 리쩨

◐ 벌써 삼일째 어금니가 아파서 오른쪽 뺨이 부어있습니다.

Mám krvavé ďasná.
맘   끄르바베   댜스나

◐ 잇몸에서 피가 납니다.

Vypadla mi plomba.
비빠들라 미 쁠롬바

> 치아 충전물이 빠졌습니다.

Potreboval(a) by som odstrániť zubný kameň.
쁘뜨레보발(라) 비 쏨 오뜨스뜨라닛뜨 주브니 까멘느

> 치아 스켈링을 하려고 하는데요.

V lekárni (브 레까르늬) 약국에서

Máte niečo proti bolesti hlavy?
마떼 뉘에쵸 쁘로띠 볼레스띠 흘라비

> 두통에 듣는 약 있어요?

Áno, tieto tabletky sú veľmi dobré a rýchle
아노 띠에또 따블렛뜨끼 쑤 벨미 도브레 아 리흘레

pôsobia proti bolesti.
뿌오쏘비아 쁘로띠 볼레스띠

> 예, 이 알약 정말 좋아요. 통증에 금방 효과가 있어요.

Prosím vás, môžete mi urobiť tento liek?
쁘로씸 바쓰 무오줴떼 미 우로빗뜨 뗀또 리엑

> 이 약을 조제해 주실 수 있습니까?

Tento liek vám môžem dať len na lekársky
뗀또 리엑 밤 무오쥄 닷뜨 렌 나 레까르스끼

predpis.
쁘레뜨삐쓰

> 이 약은 의사 처방전에 의해서만 드릴 수 있습니다.

유용한 표현 Užitočné výrazy

Som chorý/á.
쏨 호리/호라
○ 나는 아픕니다.

Som unavený/á.
쏨 우나베니/우나베나
○ 나는 피곤합니다.

Mám nádchu.
맘 나트후
○ 나는 감기에 걸렸어요.

Mám silný kašeľ.
맘 씰니 까쉘
○ 나는 기침을 심하게 합니다.

Potrebujem lekára, ktorý hovorí po anglicky.
뽀뜨레부옘 레까라 끄또리 호보리 뽀 앙글리쯔끼
○ 영어를 할 줄 아는 의사가 필요합니다.

Dúfam, že čoskoro budete opäť v poriadku.
두팜 줴 쵸스꼬로 부뎨뗴 오뺏뜨 프 뽀리아뜨꾸
○ 빨리 쾌차하시기를 바랍니다.

Tento liek mi urobí veľmi dobre.
뗀또 리엑 미 우로비 벨미 도브레
○ 이 약이 제겐 매우 잘 맞습니다.

Tie lieky mi vôbec nepomohli.
띠에 리엑끼 미 부오베쯔 네뽀모홀리

○ 이 약이 제게 전혀 듣지 않는군요.

Mám teplotu.
맘 떼쁠로뚜

○ 열이 있어요.

Tečie mi z nosa krv.
쪠취에 미 즈 노싸 끄르우

○ 코피가 납니다.

Vyzeráte unavene.
비제라떼 우나베네

○ 피곤해 보이시는군요.

Ste očkovaný/-á proti chrípke?
스떼 오츄꼬바니/-나 쁘로띠 흐립께

○ 독감 예방주사 맞으셨어요?

Som alergický/-á na srsť mačiek.
쏨 알레르기쯔끼/-까 나 쓰르슷뜨 마취엑

○ 나는 고양이털 알레르기가 있어요.

Som alergický/-á na topole.
쏨 알레르기쯔끼/-까 나 또뽈레

○ 나는 포퓰러 나무 알레르기가 있어요.

Som alergický/-á na mlieko.
쏨 알레르기쯔끼/-까 나 믈리에꼬

○ 나는 우유 알레르기가 있어요.

Som alergický/-á na aspirín.
쏨 알레르기쯔끼/-까 나 아스삐린

○ 나는 아스피린 알레르기가 있어요.

Som alergický/-á na peľ.
쏨 알레르기쯔끼/-까 나 뻴르

○ 나는 꽃가루 알레르기가 있어요.

Som alergický/-á na penicilín.
쏨 알레르기쯔끼/-까 나 뻬니찔린

○ 나는 페니실린 알레르기가 있어요.

Bolí ma hlava.
볼리 마 흘라바

○ 나는 머리가 아픕니다. 나는 두통이 있습니다.

Bolí ma zub.
볼리 마 줍

○ 나는 이가 아픕니다. 나는 치통이 있습니다.

Bolí ma brucho.
볼리 마 브루호

○ 나는 배가 아픕니다.

Bolia ma nohy.
볼리아 마 노히

○ 나는 다리가 아픕니다.

Bolí ma ľavá ruka.
볼리 마 랴바 루까

○ 나는 왼팔(왼손)이 아픕니다.

Bolí ma srdce.
볼리 마 쓰릇쩨

○ 나는 심장이 아픕니다 (나는 마음이 아픕니다).

Bolí ma koleno.
볼리 마 꼴레노

○ 나는 무릎이 아픕니다.

Bolí ma ucho.
볼리 마 우호

○ 나는 귀가 아픕니다.

Bolí ma celé telo.
볼리 마 쩰레 뗄로

○ 나는 온 몸이 아픕니다.

Je mi zle od žalúdka.
예 미 즐레 오드 좔루뜨까

○ 나는 속이 좋지 않습니다 (속이 더부룩합니다. 속이 메스껍습니다).

Chce sa mi zvracať.
흐쩨 싸 미 즈브라짯뜨

○ 난 토할 것 같아요.

Mám hnačku.
맘 흐나츄꾸

○ 설사를 합니다.

Porezala som sa do prsta.
뽀레잘라 쏨 싸 도 쁘르스따

○ 손가락을 베었습니다.

Držím diétu.
드르쥠   디에뚜

◐ 나는 다이어트를 하고 있어요.

Mám vysoký krvný tlak.
맘   비쏘끼   끄르브니   뜰락

◐ 나는 고혈압이 있습니다.

Mám závrate.
맘   자브라떼

◐ 현기증이 납니다.

Som chudokrvná.
쏨   후도끄르브나

◐ 나는 빈혈이 있습니다.

Beriem antikoncepciu.
베리엠   안띠꼰쩹찌우

◐ 나는 피임약을 복용하고 있습니다.

Som tehotná.
쏨   떼호뜨나

◐ 나는 임신중입니다.

Mám ísť na odber krvi?
맘   이슷뜨 나   오드베르   끄르비

◐ 혈액을 채취하러 가야 하나요? (피검사를 해야 하나요?)

Zavolajte sanitku!
자볼라이떼   싸니뜨꾸

◐ 응급차를 불러주세요!

유용한 단어 Užitočné slová

akupunktúra [아꾸뿡뚜라] 침(술)
aromaterapia [아로마떼라삐아] 아로마 테라피
bolesť [볼레스띄] 통증　　　　　　　　bolesť hlavy [볼레스띄 흘라비] 두통
bolesť hrdla [볼레스띄 흐르들라] 인후통 bolesť zubu [볼레스띄 주부] 치통
cigareta [찌가레따] 담배
choroba [호로바] 병, 질환
darovanie krvi [다로바뉘에 끄르비] 헌혈
ďasno [댜쓰노] 잇몸　　　　　　　　diabetik [디아베띡] 당뇨병 환자
hospitalizácia [호스삐딸리자찌아] 입원
- poplatky za hospitalizáciu [뽀쁠라뜨끼 자 호스삐딸리자찌우] 입원비
injekcia [인엑찌아] 주사　　　　　　jazva [야즈바] 상처
krv [끄르우] 피
- krvná skúška [끄르브나 스꾸슈까] 피검사, 혈액 테스트
- krvný obeh [끄르브니 오베흐] 혈액순환
- meranie krvného tlaku [메라뉘에 끄르브네호 뜰락꾸] 혈압측정
- vysoký krvný tlak [비쏘끼 끄르브니 뜰락] 고혈압
- nízky krvný tlak [니스끼 끄르브니 뜰락] 저혈압
- krvná skupina [끄르브나 스꾸삐나] 혈액형
lekár [레까르] / lekárka [레까르까] 의사 / 여의사
lekáreň [레까레느] 약국
lekárnik [레까르닉] / lekárnička [레까르뉘츄까] 약사 / 여약사
lekárnička [레까르뉘츄까] 구급약통
lekársky predpis [레까르스끼 쁘레뜨삐쓰] 의사 처방전
liečba [리에쥬바] 치료
menštruačná bolesť [멘슈뜨루아츄나 볼레스띄] 생리통
menštruačný cyklus [멘슈뜨루아츄니 찌끌루쓰] 월경주기
nemocnica [녜모쯔뉘짜] 병원

- fakultná nemocnica [파꿀뜨나 네모쯔니짜] 대학병원
- všeobecná nemocnica [프쉐오베쯔나 네모쯔니짜] 종합병원
obväz [옵베쓰] 붕대　　　　　　　　operácia [오뻬라찌아] 수술
ordinácia [오르디나찌아] 진료실
pacient [빠찌엔뜨] / pacientka [빡찌앤뜨까] 환자 / 여환자
plomba [쁠롬바] 치아 충전물　　　　pohotovosť [뽀호또보스뜨] 응급실
poliklinika [뽈리끌리니까] 외래병원　povlak [뽀블락] 설태
pôrod [뿌오로뜨] 분만
pôrod do vody [뿌오로드 도 보디] 수중분만
príznak [쁘리즈낙] 증상　　　　　　prvá pomoc [쁘르바 뽀모쯔] 응급처치
rentgenový snímok [렝게노비 스뉘목] X-ray 사진
sanitka [싸니뜨까] 응급차　　　　　stolica [스똘리짜] 대변
moč [모츄] 소변
tehotenský test [떼호뗀스끼 떼스뜨] 임신 테스트
teplomer [떼쁠로메르] 온도계
transfúzia krvi [뜨란스푸지아 끄르비] 수혈
ultrazvuk [울뜨라즈북] 초음파
vrchná sestra [브르흐나 쎄스뜨라] 수간호사
zdravotná sestra [즈드라보뜨나 쎄스뜨라] 간호사
zdravotné poistenie [즈드라보뜨네 뽀이스떼뉘에] 의료보험
zdravotné problémy [즈드라보뜨네 쁘로블레미] 건강 문제

[Choroby (호로비) 질환]
alergia [알레르기아] 알레르기　　　angína [앙기나] 편도선염
chrípka [흐립까] 독감, 인플루엔자
chudokrvnosť [후도끄르브노스뜨] 빈혈(증)
cukrovka [쭈끄로우까] 당뇨병
cystická fibróza [찌스띠쯔까 피브로자] 낭포성 섬유증
gastroenteritída [가스뜨로엔떼리띠다] 위장염
hnačka [흐나츄까] 설사

infekčná choroba [인펙츄나 호로바] 전염병
kašeľ [까쉘] 기침 nádcha [나트하] 감기
nádor [나도르] 종양 osýpky [오씨쁘끼] 홍역
pohlavná choroba [뽀흘라브나 호로바] 성병
pokazený žalúdok [뽀까제니 좔루독] 소화불량
potrat [뽀뜨랏] 유산, 임신중절 rakovina [라꼬비나] 암
senná nádcha [쎄나 나트하] 건초열
slnečný úpal [슬녜츄니 우빨] 일사병, 열사병
spálenina [스빨레뉘나] 화상
srdečný infarkt [쓰르데츄니 인파르끄뜨] 심장마비
tuberkulóza [뚜베르꿀로자] 결핵
vyrážka [비라슈까] 발진, 뾰루지, 두드러기
vytknutie (nohy) [비뜨끄누뛰에] 삠, 접질림, 염좌
zápal [자빨] 염증
zápal močového mechúra [자빨 모쵸베호 메후라] 방광염
zápal pľúc [자빨 쁠류쯔] 폐렴
zápal priedušiek [자빨 쁘리에두쉬엑] 기관지염
zápcha [자프하] 변비 zimnica [짐뉘짜] 오한, 한기
žltá zimnica [즐따 짐뉘짜] 황열병
žalúdočný vred [좔루도츄니 브레뜨] 위궤양

[Nemocničné oddelenia (네모쯔뉘츄네 오멜레뉘아) 진료과]
chirurgické oddelenie [히루르기쯔께 오멜레뉘에] 외과
chirug [히룩] 외과의사
detské oddelenie [뎃쓰께 오멜레뉘에] 소아과
pediater [뻬디아떼르] 소아과 의사
gynekologicko-pôrodnické oddelenie [기네꼴로기쯔꼬-뿌오로드뉘쯔께 오멜레뉘에] 산부인과-분만과
gynekológ [기네꼴록] 산부인과 의사
interné oddelenie [인떼르네 오멜레뉘에] 내과

internista [인떼르니스따] 내과 의사   kardiológ [까르디올록] 심장병 전문의
kožné oddelenie [꼬쥬네 오뗄레뉘에] 피부과
kožný lekár [꼬쥬니 레까르] 피부과 의사
neurologické oddelenie [네우롤로기쯔께 오뗄레뉘에] 신경과
očné oddelenie [오츄네 오뗄레뉘에] 안과
očný lekár [오츄니 레까르] 안과 의사
ortopedické oddelenie [오르또뻬디쯔께 오뗄레뉘에] 정형외과
ortopéd [오르또뺀] 정형외과 의사
prijímacie oddelenie [쁘리이마찌에 오뗄레뉘에] 접수과
psychiater [쁘씨히아떼르] 정신과 의사
urologické oddelenie [우롤로기쯔께 오뗄레뉘에] 비뇨기과
ušno-nosno-krčné oddelenie [우슈노-노쓰노-끄르츄네 오뗄레뉘에] 이비인후과
zubár [주바르] 치과의사

[Lieky (리에끼) 약]
antibiotikum [안띠비오띠꿈] 항생제   antikoncepcia [안띠꼰쩹찌아] 피임약
droga [드로가] 마약   inzulín [인줄린] 인슐린
liek na kašeľ [리엑 나 까쉘] 기침약
liek na spanie [리엑 나 스빠뉘에] 수면제
liek proti bolesti (analgetikum) [리엑 쁘로띠 볼레스띠 (아날게띡꿈)] 진통제
tabletka [따블레뜨까] 정제, 알약, 캡슐

[Časti tela (챠스띠 뗄라) 신체부위]
brada [브라다] 턱   brucho [브루호] 배, 복부
čelo [췔로] 이마   chrbát [흐르밧] 척추, 등
členok [츨레녹] 발목   dvanástnik [드바나스뜨닉] 십이지장
hlava [홀라바] 머리   hrdlo [흐르들로] 후두
koleno [꼴레노] 무릎   kosť [꼬슷띠] 뼈
koža [꼬좌] 피부   krk [끄륵] 목

krv [끄르우] 피, 혈액
líce [리쩨] 뺨, 볼
mechúr [메후르] 방광
noha [노하] 다리, 발
obličky [오블리츄끼] 신장, 콩팥
oko [오꼬] 눈
- krátkozraký [끄라뜨꼬즈락끼] 근시의
pečeň [뻬췐느] 간
pľúca [빨류짜] 폐
prst [쁘르스뜨] 손가락, 발가락
- palec [빨레쯔] (na ruke) 엄지 손가락
- ukazovák [우까조박] 집게 손가락
- prostredník [쁘로스뜨레드닉] 가운데 손가락
- prsteník [쁘르스떼닉] 약지
- malíček [말리췍] 새끼 손가락
rameno [라메노], plece [빨레쩨] 어깨
ruka [루까] 팔, 손
srdce [쓰릇쩨] 심장
tepna [떼쁘나] 동맥
ústa [우스따] 입
zub [줍] 치아, 이
- zub múdrosti [줍 무드로스뛰] 사랑니
- rezáky [레작끼] 앞니
- stolička [스똘리츄까] 어금니
žalúdok [좔루독] 위(장)
žlčník [쥴츄닉] 쓸개

lebka [레쁘까] 두개골
maternica [마떼르늬짜] 자궁
mihalnice [미할늬쩨] 속눈썹
nos [노쓰] 코
obočie [오보취에] 눈썹

pery [뻬리] 입술
prsia [쁘르씨아] 가슴

rebro [레브로] 갈비뼈
slepé črevo [슬레뻬 츄레보] 맹장
sval [스발] 근육
ucho [우호] 귀
vlasy [블라씨] 머리카락

žila [쥘라] 정맥

17 기차역에서 Na železničnej stanici

Spiatočný lístok do Viedne, prosím.
스삐아또츄니 리스똑 도 비에드녜 쁘로씸

◐ 비엔나행 왕복표 주세요.

Na ten istý deň?
나 뗀 이스띠 덴

◐ 당일 날 오실건가요?

Áno.
아노

◐ 예.

Je to tridsaťpäť euro.
예 또 뜨리짯뻿 에우로

◐ 35유로입니다.

Lístok do Berlína, prosím.
리스똑 도 베를리나 쁘로씸

◐ 베를린행 표 주세요.

Chcete prvú alebo druhú triedu?
흐쩨떼 쁘르부 알레보 드루후 뜨리에두

◐ 일등칸을 원하세요 아니면 이등칸을 원하세요?

Prvú triedu, prosím.
쁘르부 뜨리에두 쁘로씸

◐ 일등칸 주세요.

Chcete aj miestenku?
흐쩨떼 아이 미에스뗑꾸

◯ 좌석표도 원하십니까?

Deväťdesiat sedem euro. Ako chcete platiť?
데벳데씨앗 쎄뎀 에우로 아꼬 흐쩨떼 쁠라띳드

◯ 97유로입니다. 어떻게 지불하시겠습니까?

V hotovosti.
브 호또보스뛰

◯ 현금으로 지불할게요.

Tu máte lístok a výdavok.
뚜 마떼 리스똑 아 비다복

◯ 여기 표와 거스름돈 있습니다.

Chcel(a) by som ísť do Paríža o 21.37
흐쩰(라) 비 쏨 이슷뜨 도 빠리좌 오 드바짯 에드나 뜨리짯 쎄뎀

vlakom cez noc. Môžem si rezervovať lôžko v
블락꼼 쩨즈 노쯔 무오쩸 씨 레제르보밧드 루오슈꼬 프

spacom vagóne?
스빠쫌 바고네

◯ 21시 37분 빠리행 야간 기차를 타고 가려 합니다. 침대차 예약 가능합니까?

Z ktorého nástupišta vlak odchádza do Prahy?
스 끄또레호 나스뚜삐슈따 블락 오뜨하자 도 쁘라히

◯ 어느 플랫폼에서 프라하행 기차가 출발합니까?

Číslo 3. Ponáhľajte sa, vlak odchádza o chvíľu.
취슬로 뜨리 뽀나흘랴이떼 싸 블락 오뜨하자 오 흐빌류

◯ 3번 플랫폼입니다. 서두르세요, 기차가 잠시 후면 출발합니다.

Chcel(a) by som si vymeniť cestovný lístok.
흐쩰(라) 비 쏨 씨 비메닛뜨 쩨스또브니 리스똑

◐ 기차표를 변경하고 싶습니다.

Prepáčte, o ktorej hodine odcháza rýchlik do Košíc?
쁘레빠츄떼 오 끄또레이 호디네 오뜨하자 리흘릭 도
꼬쉬쯔

◐ 실례지만, 꼬쉬쩨로 가는 급행열차가 몇 시에 출발합니까?

O desiatej.
오 데씨아떼이

◐ 10시에 출발합니다.

Prepáčte, je toto miesto voľné?
쁘레빠츄떼 예 또또 미에스또 볼네

◐ 실례합니다, 여기 빈 좌석입니까?

Kde musím prestupovať?
그데 무씸 쁘레스뚜뽀밧뜨

◐ 어디서 (기차를) 갈아 타야 합니까?

V Žiline musíte presadnúť z rýchlika do osobného vlaku.
브 쥘리네 무씨떼 쁘레싸드눗뜨 즈 리흘릭까 도
오쏘브네호 블락꾸

◐ 쥘리나에서 급행열차를 완행열차로 바꾸어 타시면 됩니다.

Osobné vlaky z Košíc do Prešova jazdia už len
오쏘브네 블락끼 스 꼬쉬쯔 도 쁘레쇼바 야즈듸아 우쥬 렌

v pracovných dňoch.
프 쁘라쪼브니흐 드뇨흐

◯ 꼬쉬쩨에서 쁘레쇼우 가는 완행열차는 이젠 평일에만 다닙니다.

Kde je úschovňa batožiny?
그데 예 우스호브냐 바또쥐니

◯ 짐 보관소가 어디에 있습니까?

Kde sú úschovné skrinky?
그데 쑤 우스호브네 스끄링끼

◯ 코인 락커가 어디에 있습니까?

Úschovné skrinky sa nedajú otvoriť.
우스호브네 스끄링끼 싸 네다유 오뜨보릿뜨

◯ 코인 락커가 열리지 않습니다.

V cestovnej kancelárii (프 쩨스또브네이 깐쩰라리이) 여행사에서

Chcel(a) by som si rezervovať letenku do Soulu.
흐쩰(라) 비 쏨 씨 레제르보밧뜨 레뗑꾸 도 쏘울루

◯ 서울행 비행기표 예약하고 싶습니다.

Na kedy, prosím?
나 께디 쁘로씸

◯ 언제 가실 건가요?

Na začiatok júla.
나 자취아똑 율라

◯ 7월 초에요.

Počkajte chvíľu, prosím.
뽀츄까이떼   호빌류   쁘로씸

◐ 잠시만 기다리세요.

Bude vám vyhovovať druhého júla?
부데   밤   비호보밧뜨   드루헤호   율라

◐ 7월 2일 괜찮으세요?

Áno, to sa mi hodí. Ďakujem.
아노   또   싸   미   호뒤   댜꾸엠

◐ 예, 좋아요. 고맙습니다.

Chcel(a) by som letieť do Londýna budúci utorok.
흐쩰(라)   비   쏨   레뛰엣뜨   도   론디나   부두찌   우또록

◐ 다음 화요일에 런던에 가려고 하는데요.

Chcete letieť ráno alebo popoludní?
흐쩨떼   레뛰엣뜨   라노   알레보   뽀뽈루드늬

◐ 아침 비행기를 원하세요 아니면 오후 비행기를 원하세요?

Musím byť v Londýne dopoludnia.
무씸   빗   브   론디네   도뽈루드늬아

◐ 런던에 오전에는 도착해야 합니다.

Okamih, prosím. Pozriem sa, či sú ešte nejaké
오까미흐   쁘로씸   뽀즈리엠   싸   취 쑤   에슈떼   녜야께

voľné miesta na let o 8:15.
볼네   미에스따   나   렛   오   오쎔 뺏나스뜨

◐ 잠시만요. 8시 15분 비행기에 아직 빈 좌석이 있는지 볼게요.

Bude to v poriadku. Kedy sa chcete vrátiť?
부데 또 프 뽀리아뜨꾸 께디 싸 흐쩨떼 브라띳뜨

◯ 되겠네요. 언제 돌아오실 건가요?

Môžete mi vystaviť otvorenú letenku?
무오쮀떼 미 비스따빗뜨 오뜨보레누 레뗑꾸

◯ 오픈 티켓으로 발행해 주시겠습니까?

Áno, zaplaťte pri pokladni a tam vám dajú
아노 자빨라뛰떼 우 뽀끌라드뉘 아 땀 밤 다유

letenku a potvrdenie.
레뗑꾸 아 뽀뜨브르데뉘에

◯ 예, 계산대에서 지불하시면 비행기표와 영수증을 드릴거예요.

Rád(a) by som si zmenil(a) let. Chcel(a) by
라드(라다) 비 쏨 씨 즈메닐(라) 렛 흐쩰(라) 비

som letieť cez Amsterdam, nie cez Kodaň.
쏨 레뛰엣뜨 쩨쓰 암스떼르담 뉘에 쩨쓰 꼬단느

◯ 비행 스케줄을 변경하고 싶습니다. 코펜하겐이 아니라 암스테르담을 거쳐서 가고 싶은데요.

Mohol by som vidieť vašu letenku?
모홀 비 쏨 비뒤엣뜨 바슈 레뗑꾸

◯ 귀하의 비행기표를 보여주시겠습니까?

Prosím.
쁘로씸

◯ 여기 있습니다.

Chcete letieť v ten istý deň?
흐쩨쪠 레뛰엣뜨 프 뗀 이스띠 덴

◐ 출발 날짜는 같은가요?

Áno, v ten istý deň alebo na nasledujúci deň a
아노 프 뗀 이스띠 덴 알레보 나 나슬레두유찌 덴 아

ak je to možné, skoro ráno.
악 예 또 모쥬네 스꼬로 라노

◐ 예, 같은 날이나 가능하다면 다음날 아침 일찍도 괜찮고요.

Áno, môžete letieť 15. januára o 10:23. Musíte
아노 무오쮀떼 레뛰엣뜨 뺏나스떼호 야누아라 오 뎨샷 드바짯 뜨리 무씨떼

byť na letisku 2 hodiny pred odletom*.
빗뜨 나 레뛰스꾸 드베 호뒤니 쁘레드 오들레똠

◐ 예, 1월 15일 10시 23분에 출발하시면 됩니다. 출발 2시간 전에는 공항에 나와 계셔야 하고요.

> 슬로바키아의 브라띠슬라바에 슈떼파닉 공항(Letisko M. R. Štefánika)이 있으며, 항공 여행시 이웃하고 있는 오스트리아의 비엔나 공항도 많이 이용한다. 브라띠슬라바 시내로 들어오는 버스편을 이용할 수 있는 승차장이 비엔나 공항에 마련되어 있으며, 비엔나 ↔ 브라띠슬라바 구간의 버스 이용료는 약 10유로 정도이고, 한 시간 정도가 소요되는 가까운 거리이다.

Chcel(a) by som si potvrdiť let.
흐쩰(라) 비 쏨 씨 뽀뜨브르딧뜨 렛

◐ 비행기표 예약 리컨펌 하고 싶습니다.

유용한 표현 Užitočné výrazy

Príjemnú cestu!
쁘리옘누 쩨스뚜

● 여행 잘 다녀 오세요! 즐거운 여행 하십시오!

Chcel(a) by som si rezervovať lístok do Berlína.
흐쩰(라) 비 쏨 씨 레제르보밧뜨 리스똑 도 베를리나

● 베를린행 표 예약하고 싶습니다.

Chcem vozeň pre nefajčiarov.
흐쩸 보젠느 쁘레 녜파이취아로우

● 금연석 칸을 원합니다.

Tento lístok je platný 3 dni.
뗀또 리스똑 예 쁠라뜨니 뜨리 드뉘

● 이 표는 3일간 유효합니다.

Vlak odchádza z nástupišťa číslo 5.
블락 오뜨하자 즈 나스뚜삐슈땨 취슬로 뻿

● 기차는 5번 플랫폼에서 출발합니다.

Bojím sa, že nestihnem vlak.
보임 싸 줴 녜스띠흐넴 블락

● 기차를 놓칠까봐 걱정됩니다.

Zmeškal(a) som vlak.
즈메슈깔(라) 쏨 블락

● 나는 기차를 놓쳤습니다.

Môžem otvoriť okno, je tu veľmi horúco.
무오쩸 오뜨보릿뜨 오끄노 예 뚜 벨미 호루쪼

🟢 창문을 열어도 될까요, 이곳이 너무 덥군요.

Vlak ide načas.
블락 이데 나촤쓰

🟢 기차는 정시에 도착합니다.

Vlak má 15 minútové meškanie.
블락 마 뺏나슷뜨 미누또베 메슈까뉘에

🟢 기차는 15분 연착합니다.

Ďakujem, že ste ma zaviezli na stanicu.
댜꾸엠 줴 스떼 마 자비에즐리 나 스따뉘쭈

🟢 역까지 배웅해 주셔서 감사합니다 (역까지 데려다 주셔서 감사합니다).

유용한 단어 Užitočné slová

čakáreň [차까렌느] 대합실
cestovný poriadok [쩨스또브니 뽀리아독] 타임 테이블
druhá trieda [드루하 뜨리에다] 기차의 이등칸
hlavná stanica [흘라브나 스따뉘짜] 중앙역
informácia [인포르마찌아] 인포메이션 (오피스)
kupé [꾸뻬] 기차의 칸막이한 객실
lehátko [레하뜨꼬] 침대차의 칸막이 방
letenka [레뗑까] 비행기표   letisko [레뛰스꼬] 공항
lístok [리스똑] 기차표, 표   lôžko [루오슈꼬] (침대차의) 침대
miestenka [미에스뗑까] 좌석표 nástupište [나스뚜삐슈떼] 플랫폼

obyčajný lístok [오비촤이니 리스똑] 편도표
spiatočný lístok [스삐아또츄니 리스똑] 왕복표
odchod [오뜨호뜨] 출발
osobný vlak [오쏘브니 블락] 완행열차
rýchlik (expres) [리흘릭 (엑쓰쁘레쓰)] 급행열차
otvorená letenka [오뜨보레나 레뗑까] 오픈티켓
pasová kontrola [빠쏘바 꼰뜨롤라] 여권검사
pokladňa [쁘끌라드냐] 매표소   pracovné dni [쁘라쪼브네 드늬] 평일
príchod [쁘리호뜨] 도착
prvá trieda [쁘르바 뜨리에다] 기차의 일등칸
sprievodca [스쁘리에보뜨짜] 차장, 검표원
straty a nálezy [스뜨라띠 아 날레지] 분실물 신고소
sviatok [스비아똑] 국경일, 명절, 휴일
úschovňa batožiny [우스호브냐 바또쥬니] 짐 보관소
úschovné skrinky [우스호브네 스끄링끼] 코인 락커
vlak [블락] 기차
nastúpiť do vlaku [나스뚜뻿뜨 도 블락꾸] 기차에 타다.
vystúpiť z vlaku [비스뚜뻿뜨 즈 블락꾸] 기차에서 내리다.
jedálenský vozeň [예달렌스끼 보젠느] 기차의 식당칸, 식당차
spací vozeň [스빠찌 보젠느] 침대칸, 침대차
vozeň pre nefajčiarov [보젠느 쁘레 네파이취아로우] 금연석
vozeň pre fajčiarov [보젠느 쁘레 파이취아로우] 흡연석
východ [비호뜨] 출구
zľavnená letenka [즐랴브녜나 레뗑까] 할인 항공권

18 미용실에서 V kaderníctve

Pred týždňom som si u slečny Novákovej
쁘레드 띠쥬드놈 쏨 씨 우 슬레츄니 노박꼬베이
objednala účes.
옵예드날라 우췌쓰

➲ 일 주일 전에 노박꼬바 양에게 머리를 해달라고 예약을 해놓았어요.

Mám veľmi dlhé vlasy. Chcel(a) by som si dať
맘 벨미 들헤 블라씨 흐쩰(라) 비 쏨 씨 닷
ostrihať vlasy.
오스뜨리핫뜨 블라씨

➲ 제 머리가 너무 길어요. 머리를 커트하고 싶은데요.

Neostrihajte mi vlasy príliš nakrátko.
녜오스뜨리하이떼 미 블라씨 쁘릴리슈 나끄라뜨꼬

➲ 머리를 너무 짧게 자르지 마세요.

Chcela by som si dať urobiť účes podľa tejto
흐쩰라 비 쏨 씨 닷뜨 우로빗뜨 우췌쓰 뽀들랴 떼이또
fotografie.
포또그라피에

➲ 이 사진에 있는 헤어 스타일을 만들어 주세요.

Chcela by som účes zakrývajúci lícne kosti.
흐쩰라 비 쏨 우췌쓰 자끄리바유찌 리쯔네 꼬스띠

➲ 광대뼈를 가리는 헤어스타일을 원해요.

Chcela by som si dať trvalú.
흐쩰라 비 쏨 씨 닷뜨 뜨르발루

○ 퍼머를 하고 싶어요.

Rada by som si dala zafarbiť vlasy.
라다 비 쏨 씨 달라 자파르빗뜨 블라씨

○ 머리를 염색하고 싶습니다.

Vyfénujte a natočte mi vlasy.
비페누이떼 아 나또츄떼 미 블라씨

○ 드라이와 헤어 컬링을 하고 싶은데요.

Chcem vlasy dlhé po bradu.
흐쩸 블라씨 들헤 뽀 브라두

○ 턱선 길이까지 커트해주세요.

Chcem vlasy dlhé po ramená.
흐쩸 블라씨 들헤 뽀 라메나

○ 어깨선 길이까지 커트해주세요.

Chcem ofinu až po obočie.
흐쩸 오피누 아슈 뽀 오보취에

○ 앞머리는 눈썹까지 오는 길이로 해주세요.

Chcem postupne zostrihané vlasy.
흐쩸 뽀스뚜쁘네 조스뜨리하네 블라씨

○ 층을 내어 커트한 헤어 스타일을 원합니다.

Cestičku urobte na boku.
쩨스띠츄꾸 우로쁘떼 나 보꾸

○ 가르마는 한 쪽으로 타 주세요.

Chcem najväčšie nátačky.
흐쩸　　　나이베츄쉬에　　　나따츄끼

○ 가장 큰 컬을 원합니다.

Chcem drobné nátačky.
흐쩸　　　드로브네　　　나따츄끼

○ 작은 컬을 원합니다.

유용한 표현 Užitočné výrazy

Umývam si vlasy každý deň.
우미밤　　씨　블라씨　까쥬디　덴

○ 나는 매일 머리를 감습니다.

Nie som spokojná s účesom.
니에　쏨　　스뽀꼬이나　스　우췌쏨

○ 제 헤어스타일이 마음에 안 들어요.

Moje vlasy sú mastné a vypadávajú.
모예　블라씨　쑤　마스뜨네　아　비빠다바유

○ 제 모발은 지성이고 탈모도 있습니다.

Mám suché vlasy.
맘　　쑤헤　블라씨

○ 제 모발은 건성입니다.

Lámu sa mi vlasy a stratili lesk.
라무　　싸　미　블라씨　아　스뜨라띨리　레스끄

○ 머리카락이 부서지고 윤기가 없어요.

Mám poškodené farbené vlasy.
맘   뽀슈꼬데네   파르베네   블라씨

◐ 염색으로 모발이 손상되었습니다.

유용한 단어 Užitočné slová

bohatý účes [보하띠 우췌쓰] 숱 많아 보이는 헤어 스타일, 볼륨있는 헤어스타일
cestička [쩨스뛰츄까] 가르마
dámske strihanie [담스께 스뜨리하뉘에] 여성 헤어컷
pánske strihanie [빤스께 스뜨리하뉘에] 남성 헤어컷
guľatá kefa [굴랴따 께파] 둥근 헤어 브러쉬
holič [홀리츄] 이발사
husté vlasy [후스떼 블라씨] 숱 많은 머리
kaderníctvo [까데르니쯔뜨보] 미용실
kadernícky salon [까데르뉘쯔끼 쌀론] 헤어 살롱
kaderník [까데르늭] / kaderníčka [까데르뉘츄까] 헤어 디자이너 / 여성 헤어 디자이너
modelovací gél [모델로바찌 젤] 헤어 스타일링 젤
ofina [오피나] 앞머리   šampón [샴뽄] 샴푸
kondicionér [꼰디찌오네르] 린스   trend [뜨렌드] 유행
trvalá [뜨르발라] 퍼머넌트   účes [우췌쓰] 헤어 스타일
vlasy [블라씨] 머리카락, 모발
vlasová kozmetika [블라쏘바 꼬즈메띠까] 모발용 미용품
vlasy prirodzene kučeravé [블라씨 쁘리로드제네 꾸췌라베] 자연 곱슬머리

19 날씨 Počasie

Aké je dnes počasie?
아께 예 드네쓰 뽀촤씨에

◐ 오늘 날씨가 어떻습니까?

Dnes je pekne.
드네쓰 예 뻬끄네

◐ 오늘은 날씨가 화창해요.

Bude pršať.
부데 쁘르샤뜨

◐ 비가 올거예요.

Dnes je chladno a fúka vietor. Musím sa teplo obliecť.
드네쓰 예 흘라드노 아 푸까 비에또르 무씸 싸 뗴쁠로
오블리에쯧뜨

◐ 오늘은 춥고 바람이 붑니다. 나는 옷을 따뜻하게 입어야겠어요.

Fúka studený vietor a je zamračené.
푸까 스뚜데니 비에또르 아 예 자므라췌네

◐ 찬 바람이 불고 구름 낀 날씨입니다.

Pôjdeme si dnes zaplávať?
뿨오이데메 씨 드네쓰 자쁠라밧뜨

◐ 오늘 우리 수영하러 갈까?

Nie, zmráka sa a večer sa očakávajú prehánky.
뉘에 자므라까 싸 아 베췌르 싸 오촤까바유 쁘레항끼

◐ 아니야, 흐려지고 저녁때는 소나기가 올거야.

Aké bude zajtra počasie?
아께 부데 자이뜨라 뽀촤씨에

◐ 내일 날씨가 어떻답니까?

Bude slnečné a teplé počasie.
부데 슬네츄네 아 떼쁠레 뽀촤씨에

◐ 화창하고 따뜻할 거예요.

Aká je predpoveď počasia na víkend?
아까 예 쁘레드뽀베뛰 뽀촤씨아 나 비껜드

◐ 주말 일기예보는 어떤가요?

Má sa otepliť.
마 싸 오떼쁠릿드

◐ 기온이 올라갈거예요 (포근해질거예요).

Pozeral(a) si predpoveď počasia?
뽀제랄(라) 씨 쁘레드뽀베뛰 뽀촤씨아

◐ 일기예보 보았니?

Áno, bude jasno a teploty vystúpia na
아노 부데 야쓰노 아 떼쁠로띠 비스뚜삐아 나

26 stupňov celzia.
드바짯 쉐슷드 스뚜쁘뇨우 쩰지아

◐ 예, 맑고 기온은 26도까지 올라간대요.

Koľko bude zajtra stupňov?
꼴꼬 부데 자이뜨라 스뚜쁘뇨우

○ 내일은 온도가 얼마나 되지요?

Teplota sa bude pohybovať od 29 do 31
떼쁠로따 싸 부데 뽀히보밧뜨 오드 드바짯 데벳 도 뜨리짯 에드나

stupňov celzia.
스뚜쁘뇨우 젤지아

○ 29도에서 31도 사이가 될 겁니다.

유용한 표현 Užitočné výrazy

Bude polojasno.
부데 뽈로야쓰노

○ 대체로 맑을 거예요.

Je veľká zima.
예 벨까 지마

○ 날씨가 굉장히 추워요.

Je veľmi horúco.
예 벨미 호루쪼

○ 날씨가 너무 더워요.

Je trochu chladno.
예 뜨로후 흘라드노

○ 약간 쌀쌀합니다.

Je hmla a jemne mrholí.
예 흐믈라 아 예므네   므르홀리

◐ 안개가 끼어있고 이슬비가 약하게 내립니다.

Má sa ochladiť.
마   싸   오흘라딋뜨

◐ 기온이 내려갈거예요 (추워질거예요).

Ja mám radšej leto.
야   맘   라뜨쉐이   레또

◐ 나는 여름을 더 좋아합니다.

Prší.
쁘르쉬

◐ 비가 내립니다.

Zabudol som si dáždnik.
자부돌   쏨   씨   다쥬드늭끄

◐ 우산을 깜빡 잊었습니다.

Vyzerá to na dážď, zoberte si dáždnik
비제라   또 나 다쥬뒤   조베르떼 씨 다쥬드늭

◐ 비가 올 것 같군요, 우산 가져가세요.

Vonku sneží.
봉꾸   스네쥐

◐ 밖에 눈이 오네요.

Zajtra teploty klesnú pod nulu.
자이뜨라   뗴쁠로띠   끌레쓰누   쁘드   눌루

◐ 내일 기온이 영하로 내려갈거예요.

Rád lyžujem a plávam.
라드 리쥬옘 아 쁠라밤

◐ 나는 스키타기와 수영하기를 좋아합니다.

V zime sa chodím korčuľovať a sánkovať.
브 지메 싸 호딤 꼬르츄로밧드 아 싼꼬밧드

◐ 나는 겨울에 스케이트와 썰매를 타러 다닙니다.

Mrznúť bude aj celý víkend.
므르즈눗뜨 부뎨 아이 쩰리 비껜드

◐ 주말 내내 얼어붙는 날씨가 될 것입니다.

Pozor na klzké vozovky.
뽀조르 나 끌스께 보조우끼

◐ 도로가 미끄러우니 조심하세요.

V noci bola veľká búrka.
브 노찌 볼라 벨까 부르까

◐ 밤에 큰 폭풍이 있었어요.

Hrmí a blýska sa.
흐르미 아 블리스까 싸

◐ 천둥 번개가 칩니다.

유용한 단어 Užitočné slová

blesk [블레스끄] 번개
dážď [다쥬뒤] 비
dúha [두하] 무지개

búrka [부르까] 폭풍
dáždnik [다쥬드닉] 우산
hmla [흐믈라] 안개

hviezda [흐비에즈다] 별
na jar [나 야르] 봄에
v lete [브 레떼] 여름에
na jeseň [나 에쎈느] 가을에
v zime [브 지메] 겨울에
lyže [리줴] 스키
nad nulou [나드 눌로우] 영상
obloha [오블로하] 하늘
predpoveď počasia [쁘레드뽀베뛰 뽀촤씨아] 일기예보
prehánky [쁘레항끼] 소나기
slnko [슬릉꼬] 태양, 해
slnečné okuliare [슬녜츄네 오꿀리아레] 선글라스
sneh [스녜흐] 눈(雪)
teplota [떼쁠로따] 기온, 온도
vozovka [보조우까] 도로

jar [야르] 봄
leto [레또] 여름
jeseň [에쎈느] 가을
zima [지마] 겨울
korčule [꼬르츌레] 스케이트
mesiac [메씨아쯔] 달
pod nulou [뽀드 눌로우] 영하
počasie [뽀촤씨에] 날씨

sane [싸네] 썰매

stupeň [스뚜뻰느] (온)도
vietor [비에또르] 바람
vzduch [브즈두흐] 공기

[Príroda (쁘리로다) 자연]
hora [호라] 산
jazero [야제로] 호수
les [레쓰] 숲
most [모스뜨] 다리, 교량
pláž [쁠라슈] 해변
potok [뽀똑] 개울, 시내
rybník [리브닉] 연못
termálny prameň [떼르말니 쁘라멘느] 온천
údolie [우돌리에] 계곡

jaskyňa [야스끼냐] 동굴
kopec [꼬뻬쯔] 언덕
more [모레] 바다
ostrov [오스뜨로우] 섬
pole [뽈레] 들, 벌판
rieka [리에까] 강

vodopád [보도빠뜨] 폭포

[Rastlina (라스뜰리나) 식물]
azalka [아잘까] 진달래
ďatelina [댜뗄리나] 클로버

chryzantéma [흐리잔떼마] 국화
fialka [피알까] 제비꽃

fialka trojfarebná [피알까 뜨로이파레브나] 팬지
hrachor [흐라호르] 스위트피 klinček [끌린첵] 카네이션
kvetina [끄베뛰나] 꽃 kvetináč [끄베뛰나츄] 화분
kvetinárstvo [끄베뛰나르스뜨보] 꽃집, 꽃가게
ľalia [랼리아] 백합 lotos [로또쓰] 연꽃
magnólia [마그놀리아] 목련 narcis [나르찌쓰] 수선화
nezábudka [녜자부뜨까] 물망초 orchidea [오르히데아] 난(꽃)
orgován [오르고반] 라일락
prvosienka [쁘르보씨엥까] 양취란화, 서양깨풀
púpava [뿌빠바] 민들레 ruža [루좌] 장미
sedmokráska [쩨드모끄라스까] 데이지
snežienky [스녜쥐엥끼] 스노드롭, 아네모네
závoj [자보이] 안개꽃 ženšen [쩬셴] 인삼
žltý dážď [즐띠 다쥬뒤] 개나리

[Strom (스뜨롬) 나무]
akácia [아까찌아] 아카시아 bambus [밤부쓰] 대나무
borovica [보로비짜] 소나무 brečtan [브레츄딴] 담쟁이덩굴
breza [브레자] 자작나무 dub [둡] 떡갈나무
gaštan [가슈딴] 밤나무 gingko [깅꼬] 은행나무
jabloň [야블론느] 사과나무 jedľa [예들랴] 전나무
lipa [리빠] 보리수 smrek [스므렉] 가문비나무
topoľ [또뽈르] 포플러 vŕba [브르바] 버드나무
wistéria [비스떼리아] 등나무

[Zviera (즈비에라) 동물]
býk [빅] 황소 drak [드락] 용
had [하뜨] 뱀 jež [예슈] 고슴도치
kôň [꾸온느] 말(馬) koza [꼬자] 염소
krt [끄르뜨] 두더지 lev [레우] 사자

líška [리슈까] 여우
medveď [메드베뒤] 곰
opica [오삐짜] 원숭이
pes [뻬쓰] 개
tiger [띠게르] 호랑이
vlk [블끄] 늑대

mačka [마츄까] 고양이
myš [미슈] 쥐
ovca [오우짜] 양
prasa [쁘라싸] 돼지
veverica [베베리짜] 다람쥐
zajac [자야쯔] 토끼

[Vták (프딱) 새]
bocian [보찌안] 황새
labuť [라붓뛰] 백조
papagáj [빠빠가이] 앵무새
sokol [쏘꼴] 송골매
vrabec [브라베쯔] 참새

holub [홀룹] 비둘기
orol [오롤] 독수리
slávik [슬라빅] 종달새
straka [스뜨라까] 까치
vrana [브라나] 까마귀

[Hmyz (흐미쓰) 곤충]
kliešť [끌레슈뛰] 진드기
komár [꼬마르] 모기
mravec [므라베쯔] 개미
pavúk [빠북] 거미
včela [프첼라] 꿀벌

kobylka [꼬빌까] 메뚜기
motýľ [모띨르] 나비
muška [무슈까] 파리
šváb [슈밥] 바퀴벌레
voš [보슈] 이

20 영화관과 극장 Kino a divadlo

Poďme do kina!
뽀뒤메 도 끼나
- 영화관에 가자!

Rád by som išiel dnes večer do kina.
라드 비 쏨 이쉬엘 드네쓰 베췌르 도 끼나
- 오늘 저녁에 영화관에 가고 싶어요.

Čo dnes dávajú v kine?
쵸 드네쓰 다바유 프 끼네
- 오늘 영화관에서는 뭘 상영하지요?

Premiéru amerického filmu a francúzsku romantickú komédiu.
쁘레미에루 아메리쯔께호 필무 아 프란쭈스꾸
로만띠쯔꾸 꼬메디우
- 미국 영화 시사회와 프랑스 로맨틱 코미디를 상영해요.

O ktorej sa začína film?
오 끄또레이 싸 자취나 필름
- 몇 시에 영화가 시작됩니까?

O piatej.
오 삐아떼이
- 다섯시에.

Počkám na teba pri vchode do kina o tri štvrte
뽀츄깜　　　나　떼바　쁘리　프호데　　도　끼나　오　뜨리　슈뜨브르떼

na päť.
나　 뼷

◯ 4시 45분에 영화관 입구에서 널 기다릴게.

Chcel(a) by som si kúpiť dva lístky na operu
흐쩰(라)　　비　쏨　씨　꾸뼷뜨　드바　리스뜨끼　나　오뻬루

'Carmen' na sobotu večer, na balkón.
까르멘　　　　나　쏘보뚜　베췌르　나　발꼰

◯ 토요일 저녁 오페라 '카르멘' 발코니석 입장권 2장을 예약하고 싶습니다.

Bohužiaľ, máme lístky len na prízemie.
보후쥐알　　　마메　리스뜨끼　렌　나　쁘리제미에

◯ 유감스럽게도 1층표만 남아 있습니다.

Čo dnes hrajú v Národnom divadle*?
쵸　드네쓰　흐라유　브　나로드놈　　　뒤바들레

◯ 오늘 국립 극장에서 무슨 공연을 하나요?

***
　　브라띠슬라바의 국립극장 (Národné divadlo)은 1776년 이곳에 설립된 시립극장이 그 기원이며, 1886년 현재의 아름다운 모습을 갖추어 전체적으로는 611명의 관객을 맞이하는 공간으로 현재 연극, 오페라, 발레 공연이 연중 이루어지고 있다. 1831년부터 슬로바키아어로 국립극장에서 연극이 상연되어 왔으며, 연간 6~8개의 연극 초연 무대를 마련하고 있다. 1785~1788년 사이에 국립극장에서 오페라를 공연하기 시작했으며, 세계적인 음악가의 작품 역시 연중 공연되고 있다. 발레는 1920부터 이곳에서 본격적으로 공연되기 시작하였는데 오스트리아-헝가리 제국의 해체 이후 슬로바키아내에 발레 학교가 존재하고 있지 않아 초기에는 체코의 발레 전문가와 안무가를 초청하여 국내 발레를 육성했으며, 현재 슬로바키아 국립 발레단은 세계적인 작품들을 이곳에서 공연하고 있다.

Dnes hrajú operu 'Maškarný bál' od Verdiho.
드녜쓰 흐라유 오뻬루   마슈까르니   발   오드   베르디호

◐ 오늘은 베르디의 오페라 '가면 무도회'를 공연합니다.

Dnes hrajú balet 'Labutie jazero' a zajtra
드녜쓰 흐라유 발렛   라부뛰에   야제로 아 자이뜨라

'Luskáčik' od Čajkovského.
루스까췩   오뜨 챠이꼬우스께호

◐ 오늘은 챠이코프스키의 발레 '백조의 호수'를 공연하고 내일은 '호두까기 인형'을 공연합니다.

Kde môžem vidieť slovenskú pantomímu?
그뎨   무오쥄   비뒤엣뜨   슬로벤스꾸   빤또미무

◐ 어디서 슬로바키아 판토마임 공연을 볼 수 있습니까?

V divadle Aréna.
브 뒤바들레 아레나

◐ 아레나 극장에서 볼 수 있어요.

Chcel(a) by som si kúpiť vstupenky na koncert
흐쩰(라)   비 쏨 씨 꾸삣뜨   프스뚜뼁끼   나 꼰쩨르뜨

Slovenskej filharmónie.
슬로벤스께이   필하르모니에

◐ 슬로바키아 필하모니 콘서트 입장권을 구입하고 싶습니다.

Kedy začína a kedy končí predstavenie?
께디 자취나 아 께디 꼰취   쁘레드스따베뉘에

◐ 언제 공연이 시작되고 언제 끝납니까?

Pri pokladni (쁘리 뽀끌라드뉘) 매표소에서

Máte lístky na pol ôsmu večer?
마떼   리스뜨끼   나   뽈   우오쓰무   베췌르

◐ 저녁 7시 30분 표 있습니까?

Áno, kde chcete sedieť?
아노   그데   흐쩨떼   쎄뒤엣뜨

◐ 예, 어디에 앉으실 건가요?

Priamo do stredu.
쁘리아모   도   스뜨레두

◐ 중앙에 자리를 주세요.

Chceme miesta blízko javiska.
흐쩨메   미에스따   블리스꼬   야비스까

◐ 무대에 가까운 좌석을 원합니다.

Chceme miesta na kraji pri uličke.
흐쩨메   미에스따   나   끄라이   쁘리   울리츄께

◐ 통로쪽 가장자리에 있는 좌석을 원합니다.

Ktorý rad chcete?
끄또리   라드   흐쩨떼

◐ 몇 열을 원하세요?

Môžem vidieť plán hľadiska?
무오쳄   비뒤엣드   쁠란   흘랴뒤스까

◐ 객석 배치도를 볼 수 있을까요?

Môžem si kúpiť lístok na operu so zľavou pre
무오쉠   씨 꾸뼷뜨 리스똑 나 오뻬루 쏘 즐라보우 쁘레
študentov?
슈뚜덴또우

◐ 오페라 티켓을 학생할인으로 구입할 수 있습니까?

Áno. Ukážte mi prosím, študentský preukaz.
아노   우까슈떼 미 쁘로씸   슈뚜덴스끼   쁘레우까쓰

◐ 예. 학생증을 제시하여 주십시오.

Nechcel(a) by si ísť so mnou na muzikál
녜흐쩰(라)   비 씨 이슷뜨 쏘 므노우 나 무지깔
'Kleopatra'?
끌레오빠뜨라

◐ 나하고 뮤지컬 '클레오파트라' 보러 가지 않을래?

유용한 표현 Užitočné výrazy

Kde nájdeme prehľad kultúrnych akcií?
그데 나이데메   쁘레흘랴뜨   꿀뚜르니흐   악찌이

◐ 문화 행사 프로그램은 어디서 구할 수 있습니까?

Môžem si zakúpiť vstupenky v predpredaji?
무오쉠   씨 자꾸뼷뜨   프스뚜뼁끼   프   쁘레드쁘레다이

◐ 예매소에서 입장권을 구입할 수 있습니까?

Všetky lístky sú vypredané.
프쉐뜨끼   리스뜨끼 쑤   비쁘레다네

◐ 입장권이 완전히 매진되었습니다.

Rád/Rada počúvam klasickú hudbu.
라뜨/라다　　　　뽀츄밤　　　끌라씨쯔꾸　후드부

◐ 나는 클래식 음악 감상을 좋아합니다.

Oplatí sa ten film pozrieť?
오쁠라뛰　싸　뗀　필름　뽀즈리엣뜨

◐ 그 영화 볼 만한가요?

Film sa mi páčil a dokázal zaujať.
필름　싸　미　빠췰　아　도까잘　자우얏뜨

◐ 영화가 재미있고 감동적이었어요.

Film sa mi vôbec nepáčil.
필름　싸　미　부오베쯔　네빠췰

◐ 영화가 전혀 마음에 들지 않았어요.

Neznášam filmový horor.
네즈나샴　　　필모비　호로르

◐ 나는 공포 영화를 싫어합니다.

Kde môžeme vidieť detské bábkové divadlo?
그데　무오줴메　비뒤엣뜨　뎻스께　바쁘꼬베　뒤바들로

◐ 어디서 어린이 인형극을 볼 수 있습니까?

Prosím vás, kde je šatňa?
쁘로씸　　바쓰　그데　예　샤뜨냐

◐ 실례지만, 외투 보관소가 어디에 있습니까?

Prosím vás, kde je záchod?
쁘로씸　　바쓰　그데　예　자호뜨

◐ 실례지만, 화장실이 어디입니까?

Ponúka divadlo bezplatné parkovanie?
뽀누까 뒤바들로 베스쁠라뜨네 빠르꼬바뉴에

➡ 극장측에서 무료 주차 공간을 제공합니까?

유용한 단어 Užitočné slová

balet [발렛] 발레
činohra [취노흐라] 연극
divadlo [뒤바들로] (오페라, 연극 등의) 극장
detské bábkové divadlo [뎃스께 바프꼬베 뒤바들로] 어린이 인형극
film [필름] 영화
filmové predstavenie [필모베 쁘레뜨스따베뉴에] 영화 상영
filmový festival [필모비 페스띠발] 영화제
filmy čoskoro v kinách [필미 쵸스꼬로 프 끼나흐] 조만간 상영될 영화들
hľadisko [흘랴듸스꼬] 객석
javisko [야비스꼬] 무대
kino [끼노] 영화관
komédia [꼬메디아] 코미디
koncert [꼰쩨르뜨] 콘서트
benefičný koncert [베네피츄니 꼰쩨르뜨] 자선 콘서트
kultúra [꿀뚜라] 문화
lístok do kina [리스똑 도 끼나] 영화표
lístok na operu/koncert [리스똑 나 오뻬루/꼰쩨르뜨] 오페라표/콘서트표
muzikál [무지깔] 뮤지컬
opera [오뻬라] 오페라
orchester [오르헤스떼르] 오케스트라
komorný orchester [꼬모르니 오르헤스떼르] 챔버 오케스트라
pantomíma [빤또미마] 판토마임
plán hľadiska [쁠란 흘랴듸스까] 객석 배치도
predné rady [쁘레드네 라디] 앞 열
predpredaj vstupeniek [쁘레뜨쁘레다이 프스뚜뻬뉴엑] 예매소
predstavenie [쁘레뜨스따베뉴에] 공연

230

premiéra [쁘레미에라] 시사회, 초연
prestávka [쁘레스따우까] 중간 휴식
rad [라뜨] (영화관, 극장 등의 좌석의) 열
šatňa [샤뜨냐] 외투 보관소
sedadlá na galérii [쎄다들라 나 갈레리이] (극장의) 맨 위층 관람석
sedadlá na prízemí [쎄다들라 나 쁘리제미] 1층 좌석
sedadlá na prvom balkóne [쎄다들라 나 쁘르봄 발꼬네] 제 1발콘 좌석
sedadlá na druhom balkóne [쎄다들라 나 드루홈 발꼬네] 제 2발콘 좌석
sedadlá v lóži [쎄다들라 브 로쥐] (극장의) 칸막이 석
vstupenka [프스뚜뻥까] 입장권   zbor [즈보르] 합창단

21 개인정보 Osobné údaje

Akej ste národnosti?
아께이 스떼 나로드노스뜨이

◐ 국적이 어떻게 됩니까?

Som Kórejčan (Kórejec)/Kórejčanka (Kórejka).
쏨 꼬레이챤 (꼬레예쯔) / 꼬레이챵까 (꼬레이까)

◐ 한국인입니다.

Odkiaľ pochádzate?
오뜨끼알 뽀하드자떼

◐ 어느 나라에서 (어디서) 오셨습니까? / 고향이 어디입니까?

Odkiaľ ste?
오뜨끼알 스떼

◐ 어느 나라에서 오셨습니까?

Som z Kórejskej republiky (z Kóree).
쏨 쓰 꼬레이스께이 레뿌블리끼 (쓰 꼬레예)

◐ 한국에서 왔습니다.

Som zo Soulu.
쏨 조 쏘울루

◐ 서울에서 왔습니다.

Kde ste sa narodili?
그데 스떼 싸 나로딜리

◐ 출생지는 어디입니까?

Narodil(a) som sa v Soule.
나로딜(라)　　쏨　싸 프　쏘울레

◎ 서울에서 태어났습니다.

Kedy ste sa narodili?
께디　스떼　싸　나로딜리

◎ 생년월일은 언제입니까?

Narodil(a) som sa druhého februára roku 1983.
나로딜(라)　　쏨 싸 드루헤호 페브루아라 로꾸 뛰씨쯔 데벳스또 오쎔데씨앗 뜨리

◎ 1983년 2월 2일 생입니다.

Aké máte povolanie?
아께　　마떼　　뽀볼라니에

◎ 직업이 무엇입니까?

Pracujem v kórejskej firme.
쁘라쭈엠　　프　꼬레이스께이　피르메

◎ 한국 기업에서 근무합니다.

Aká je vaša adresa?
아까　　예　바샤　아드레싸

◎ 귀하의 주소는 어떻게 됩니까?

Moja adresa je Zámocká ulica 123.
모야　　아드레싸　예　자모쯔까　　울리짜 스또 드바짯 뜨리

◎ 제 주소는 자모쯔까가(街) 123번지입니다.

Aké je vaše telefónne číslo?
아께　예　바쉐　　뗄레포네　　취슬로

◎ 귀하의 전화번호는 어떻게 됩니까?

Moje telefónne číslo je 54 77 23 92
모예 뗄레포네 취슬로 예 뺏 슈띠리 쎄뎀 쎄뎀 드바 뜨리 데벳 드바

→ 제 전화번호는 54 77 23 92 입니다.

Ste ženatý (vydatá) alebo slobodný/-á?
스뗴 쮀나띠 (비다따) 알레보 슬로보드니/-나

→ 당신은 기혼입니까 미혼입니까?

Som ženatý (vydatá).
쏨 쮀나띠 (비다따)

→ 기혼입니다.

Máte deti?
마뗴 데뛰

→ 자녀가 있습니까?

Mám jedného syna a dve dcéry.
맘 예드네호 씨나 아 드베 드쩨리

→ 아들 하나와 딸이 둘 있습니다.

Koľko máte rokov?
꼴꼬 마뗴 로꼬우

→ 연세가 어떻게 됩니까?

Mám 31 rokov.
맘 뜨리짯 예드나 로꼬우

→ 31살입니다.

Koľko rokov má vaša manželka (manžel)?
꼴꼬 로꼬우 마 바샤 만쮈까 (만쮈)

→ 당신의 부인 (남편)은 연세가 어떻게 됩니까?

Máte nejakých bratov alebo sestry?
마떼 네야끼흐 브라또우 알레보 쎄스뜨리

○ 형제나 자매가 있습니까?

Mám jedného brata a dve sestry.
맘 예드네호 브라따 아 드베 쎄스뜨리

○ 나는 형(오빠) 한 명과 누나 (언니, 여동생) 둘이 있어요.

유용한 표현 Užitočné výrazy

Kde bývate?
그뎨 비바떼

○ 어디에 사세요?

Bývam v byte.
비밤 브 비떼

○ 아파트에 살아요.

Bývam na internáte.
비밤 나 인떼르나떼

○ 기숙사에 살아요.

Máte rodinný dom?
마떼 로뒤니 돔

○ 단독주택에 사세요?

Žijú vaši rodičia?
쥐유 바쉬 로뒤취아

○ 부모님은 두 분 다 계십니까?

Bývam u rodičov.
비밤 우 로뒤쵸우

○ 나는 부모님과 함께 삽니다.

유용한 단어 Užitočné slová

adresa [아드레싸] 주소 bydlisko [비들리스꼬] 거주지
dátum narodenia [다뚬 나로데뉘아] 생년월일
miesto narodenia [미에스또 나로데뉘아] 출생지
náboženstvo [나보줸스뜨보] 종교 národnosť [나로드노스뜨] 국적
osobné údaje [오쏘브네 우다예] 개인정보
pohlavie [뽀흘라비에] 성별
prechodné bydlisko [쁘레호드네 비들리스꼬] 임시 거주지
priezvisko [쁘리에쓰비스꼬] 성 (姓) meno [메노] 이름
rodinný stav [로뒤니 스따우] 결혼여부
ženatý [줴나띠] 기혼의, 장가간 vydatá [비다따] 기혼의, 시집간
rozvedený [로즈베데니] 이혼한 (남성의 경우)
rozvedená [로즈베데나] 이혼한 (여성의 경우)
slobodný [슬로보드니] 미혼의 (남성의 경우)
slobodná [슬로보드나] 미혼의 (여성의 경우)

[Rodina a príbuzný (로뒤나 아 쁘리부즈니) 가족과 친척]
rodina [로뒤나] 가족 príbuzný [쁘리부즈니] 친척
otec [오떼쯔] 아버지 matka [마뜨까] 어머니
babička [바비츄까], stará mama [스따라 마마] 할머니
dedko [데쯔꼬], starý otec [스따리 오떼쯔] 할아버지
starší brat [스따르쉬 브랏] 형, 오빠 mladší brat [믈랏쉬 브랏] 남동생
staršia sestra [스따르쉬아 쎄스뜨라] 누나, 언니

mladšia sestra [믈랏쉬아 쎄스뜨라] 여동생
dcéra [드쩨라] 딸　　　　　　　syn [씬] 아들
dieťa [뒤에땨] 어린이, 아동, 자녀　dvojča [드보이촤] 쌍둥이
manžel [만젤] 남편　　　　　　manželka [만젤까] 아내
teta [떼따] 이모, 고모, 숙모
strýko [스뜨리꼬] 삼촌, 이모부, 고모부
svokor [스보꼬르] 시아버지　　　testʼ [떼스뛰] 장인
svokra [스보끄라] 시어머니　　　testiná [떼스뛰나] 장모
švagor [슈바고르] 자형, 매부, 처남, 시숙
švagriná [슈바그리나] 형수, 처형, 시누이, 올케
bratranec [브라뜨라녜쯔] 남자사촌　sesternica [쎄스떼르뉘짜] 여자사촌
synovec [씨노베쯔] 남자조카　　neter [녜떼르] 여자조카
nevesta [녜베스따] 며느리　　　zaťʼ [잣뜨] 사위

[Povolanie (뽀볼라뉘에) 직업]
biológ [비올록] / biologička [비올로기츄까] 생물학자
diplomat [디쁠로맛] / diplomatka [디쁠로맛뜨까] 외교관
dôchodca [두오호뜨짜] / dôchodkyňa [두오호뜨끼냐] 퇴직자, 연금 수령자
futbalista [풋뜨발리스따] 축구선수
gitarista [기따리스따] / gitaristka [기따리스뜨까] 기타리스트
herec [헤레쯔] / herečka [헤레츄까] 배우
huslista [후슬리스따] / huslistka [후슬리스뜨까] 바이올리니스트
kardiológ [까르디올록] / kardiologička [까르디올로기츄까] 심장병 전문의
klavírista [끌라비리스따] / klavíristka [끌라비리스뜨까] 피아니스트
kráľ [끄랄] / kráľovná [끄랄료브나] 왕 / 여왕
lekár [레까르] / lekárka [레까르까] 의사
maliar [말리아르] / maliarka [말리아르까] 화가
novinár [노비나르] / novinárka [노비나르까] 기자
obchodník [오쁘호드뉙] / obchodníčka [오쁘호드뉘츄까] 비즈니스맨
plavec [쁠라베쯔] / plavkyňa [쁠라우끼냐] 수영선수

podnikateľ [뽀드니까뗄] / podnikateľka [뽀드니까뗄까] 기업가, 비즈니스맨
podvodník [뽀드보드닉] 사기꾼
policajt [뽈리짜잇] / policajtka [뽈리짜이뜨까] 경찰
poradca [뽀라뜨짜] / poradkyňa [뽀라뜨끼냐] 컨설턴트, 상담원
pracovník [쁘라쪼브닉] / pracovníčka [쁘라쪼브늬츄까] 근로자, 직원
právnik [쁘라브닉] / právnička [쁘라브늬츄까] 법조인, 법률가
predavač [쁘레다바츄] / predavačka [쁘래다바츄까] 판매원
princ [쁘린쯔] / princezná [쁘린쩨즈나] 왕자 / 공주
profesor [쁘로페쏘르] / profesorka [쁘로페쏘르까] 교수
psychológ [쁘씨홀록] / psychologička [쁘씨홀로기츄까] 심리학자
redaktor [레닥또르] / redaktorka [레닥또르까] 편집자
robotník [로보뜨닉] / robotníčka [로보뜨늬츄까] 노동자
rozhodca [로즈호뜨짜] / rozhodkyňa [로즈호뜨끼냐] 심판
sekretárka [쎄끄레따르까] 비서
spevák [스뻬박] / speváčka [스뻬바츄까] 가수
sprievodca [스쁘리에보드짜] / sprievodkyňa [스쁘리에보드끼냐] 가이드
športovec [슈뽀르또베쯔] / športovkyňa [슈뽀르또우끼냐] 운동선수
štátny úradník [슈따뜨니 우라드닉] 공무원
študent [슈뚜덴뜨] / študentka [슈뚜덴뜨까] 학생
sudca [쑤뜨짜] / sudkyňa [쑤뜨끼냐] 판사
taxikár [딱씨까르] / taxikárka [딱씨까르까] 택시 기사
učiteľ [우취뗄] / učiteľka [우취뗄까] 교사, 선생님
umelec [우멜레쯔] / umelkyňa [우멜끼냐] 예술가
vodič [보뒤츄] / vodička [보뒤츄까] 운전사, 기사
žena v domácnosti [줴나 브 도마쯔노스띠] 주부

III. 부록

슬로바키아 국경일 및 명절 (Štátne sviatky Slovenskej republiky)

1.január　　Deň vzniku Slovenskej republiky (1월 1일, 슬로바키아 건국 기념일)
6.január　　Zjavenie pána (1월 6일, 신현절)
　　　　　　Veľkonočné sviatky (부활절은 해마다 날짜가 다르며, 일반적으로 3월말에서 4월 사이에 있다)
1.máj　　　Sviatok práce (5월 1일, 노동절)
5.júl　　　　sviatok svätého Cyrila a svätého Metoda (7월 5일, 성 찌릴과 메또데우스 기념일)
29.august　　výročie Slovenského národného povstania (8월 29일, 슬로바키아 민족 봉기 기념일)
1.September　Deň ústavy Slovenskej republiky (9월 1일, 슬로바키아 제헌절)
15.september　Sedembolestná Panna Mária (9월 15일, 고통의 성모 마리아 기념일)
1.november　sviatok Všetkých svätých (11월 1일, 모든 성인(聖人)들의 날)
24.december　Štedrý deň (12월 24일, 크리스마스 이브)
25.december　prvý sviatok vianočný (12월 25일, 성탄 제 1축일)
26.december　druhý sviatok vianočný (12월 26일, 성탄 제 2축일)

슬로바키아 (Slovenská Republika) 개관

* 공식 국명: Slovenská Republika (The Slovak Republic 슬로바키아 공화국)

* 다른 국가들에서 슬로바키아에 대해 사용하는 국가 명칭:
Slovensko (Slovak, Czech), Slovakia (English), Slovaquie (French), Slowakei (German), Slovacchia (Italian), Eslovaquia (Spanish)

* 국가명 약자표기: SK (2 letter ISO official), SVK (Olympic 3 letter official)

* 수도: 브라띠슬라바 (Bratislava, 인구 599 000)

* 공용어: 슬로바키아어

* 슬로바키아 국기: 가로로 나 있는 세 가지 색상의 선은 위에서부터 흰색, 푸른색, 그리고 붉은색이며 이 세 색상에 걸쳐 슬로바키아의 엠블렘이 가운데에 그려져 있다. 방패안에 3개의 언덕이 있고 그 언덕 위 중앙에 붉은색과 푸른색을 배경으로 십자가가 그려져 있다.

* 면적: 49 030 평방 킬로미터

* 남북길이: 428 km (Zahorská Ves - Nová Sedlica)

* 동서너비: 195 km (Štúrovo - Skalité)

* 인구: 5 268 935

* 인구밀도: 107.5/sq.km

* 국경을 접하고 있는 나라들: 오스트리아, 체코, 헝가리, 폴란드, 우크라이나

* 민족 구성: 슬로바키아인 (85.6%), 헝가리인 (10.8%), 집시인 (1.8%), 체코인 (1.2%), 루사티아인 (0.3%), 우크라이나인 (0.3%), 독일인 (0.1%), 폴란드인 (0.1%), 기타 (0.2%)

* 종교: 로만 카톨릭 (60.3%), 그리스 카톨릭 (3.4%), 프로테스탄트 (6.2%), 개혁론자 (1.6%), 정교 (0.6%), 무교 (9.7%), 기타 (18.2%)

* 정부 형태: 대통령을 수반으로 하는 의회 민주주의

* 통화단위: 슬로바키아 코루나 (Slovenská koruna)
2009년까지는 유로화 (euro) 전면사용 계획

* 주요 농작물: 밀, 호밀, 옥수수, 감자, 사탕무

* 주요 목축: 소, 돼지, 닭, 양, 염소

* 주요 산업: 갈탄 채광업, 화학과 철공업, 소비재 산업, 화학비료, 플라스틱 공학, 군수산업

* 지하자원: 안티몬원광, 수은, 철원광, 구리, 아연

* 지리적 경계 지표: 빠띤쩨 (Patince 북위 47 43' 55"), 오라우스까 뽈호라 (Oravská Polhora 북위 49 36' 54"), 자호르스까 베쓰 (Záhorská Ves 동경 16 50' 04"), 노바 쎄들리짜 (Nová Sedlica 동경 22 34' 20")

* 기온: 슬로바키아는 사계절이 뚜렷한 대륙성 기후대에 속한다. 브라띠슬라바의 1월 평균기온은 섭씨 영하 3도에서 2도 사이이며, 7월의 평균기온은 섭씨 16도에서 26도 사이이다. 산악지방의 기온은 이

보다는 낮은 편이다. 강설량은 매년 약 130일 정도를 기록하고 있다.

* 지형과 환경: 슬로바키아는 서슬로바키아, 중부 슬로바키아 그리고 동슬로바키아로 나뉘며, 슬로바키아 중부와 북부에는 바위산들이 산재해 있다.

카르파티아 산맥은 중부 유럽의 주요한 산맥을 형성하는 동시에 슬로바키아 북부와 북서부를 가로질러 위치하여 소카르파티아, 백카르파티아 산맥과 카르파티아 산맥의 최고봉 지역인 타뜨라를 에워싸고 있다. 고(高)따뜨리 (Vysoké Tatry)는 2655m에 달하는 게를라쵸우스끼 슈띳 (Gerlačovský štít)이라는 최고봉을 갖고 있다. 고따뜨리는 슬로바키아 최대 국립공원의 하나이기도 하며 스키와 하이킹에 매우 인기있는 지역이다. 다른 주요 산악지역으로는 중부 슬로바키아 지역의 저(低)따뜨리 (Nízke Tatry)가 있으며, 중서부 슬로바키아 지역에 걸쳐있는 파뜨라 (Fatra) 산맥도 있다.

남서부 슬로바키아는 다뉴브 저지(低地)로 이루어져 있으며 비옥한 토양이 헝가리와 국경을 이루는 다뉴브강(Dunaj) 까지 뻗어 있다. 국가의 농작물 대부분이 이곳에서 생산되며, 수도 브라띠슬라바는 주요 산업 중심지이기도 하다. 남슬로바키아 지방은 비옥한 토양으로 이루어져 있지만, 대기오염과 산성비의 문제도 더불어 발생하고 있는 곳이다. 슬로바키아의 남서쪽에 위치하고 있는 다뉴브강은 헝가리와의 국경의 일부를 형성하고 있다.

슬로바키아는 흥미롭고 독특한 동굴로도 유명한데 이들 중에 중부 슬로바키아에 위치한 데메노우스까 (Demänovska) 동굴은 여러 개의 지하 호수와 지하 폭포가 연결되어 있는 것으로도 유명하다. 아치 모양의 천장과 색색의 종유석으로 유명한 도미짜 (Domica) 동굴은 헝가리와의 국경에 가까운 동 슬로바키아에 위치하고 있다.

다뉴브강은 슬로바키아의 항행 본류이며, 다른 주요한 강들로는 바흐 (Váh), 흐론 (Hron), 이뻴르 (Ipel'; Eipel), 니뜨라 (Nitra), 온다바 (Ondava), 라보레쯔 (Laborec)와 호르나드 (Hornád) 등이 있다. 많은 작은 빙하 호수들이 고따뜨리에 위치해 있다.

슬로바키아 개요

슬로바키아인들은 기원후 4~5세기에 걸쳐 다뉴브강 유역에 정착한 슬라브인들의 후예로서 슬로바키아 거주민의 86%를 형성하고 있으며 11%에 달하는 헝가리인들이 소수 민족의 대부분을 차지하고 집시는 2%에 미치지 못한다. 이외에도 소수의 체코인과 모라비아인, 실레지아인, 루사티아인, 우크라이나인, 폴란드인 그리고 독일인들이 슬로바키아에 거주하고 있다.

16세기 오토만에 의해 슬로바키아가 침략 받은 후 수 세기에 걸쳐 헝가리인들의 문화 중심지로서의 역할을 했던 서남슬로바키아와 중부 슬로바키아에 60만 명에 달하는 헝가리인들이 거주하고 있다. 루사티아인과 우크라이나 소수 민족은 동슬로바키아의 북부에 집중적으로 분포되어 있으며, 슬로바키아 전체 인구는 5백 50만 미만이다. 전체 인구의 57%가 도시지역에 거주하고 있다.

수도 브라띠슬라바의 인구는 약 50만이며, 다른 주요 도시들로는 공업 도시인 꼬쉬쩨 (Košice 인구 약 25만), 식품 가공업 도시인 니뜨라 (Nitra 인구 약 90만), 전기 모토 산업의 중심지인 쁘레쇼우 (Prešov 인구 약 89만)가 있다. 이외에도 광업과 가공업이 발달한 반스까 비스뜨리자 (Banská Bystrica 인구 약 86만), 그리고 비즈니스 센터인 쥘리나 (Žilina 인구 약 85만)가 있다.

서슬라브어에 속하는 슬로바키아어는 슬로바키아의 공식어이다. 슬로바키아어는 체코어와 가장 근접하며, 헝가리어 역시 광범위하게 사용되고 있다. 슬로바키아내 거주민의 최소 20%가 헝가리인인 지역의 경우 헝가리어 역시 해당지역의 공식어로 사용할 수 있는 법안을 1994년 7월에 통과시켰다. 슬로바키아어 외에도 우크라이나어, 집시어 그리고 체코어가 사용된다. 이들 소수 민족 대부분은 그들의 언어 외에도 대부분 슬로바키아어를 구사한다.

슬로바키아는 중부 유럽에 위치하고 있으며 북서쪽으로는 체코, 북쪽으로는 폴란드, 동쪽으로는 우크라이나, 남쪽으로는 헝가리 그리고 남서쪽으로는 오스트리아와 국경을 이루고 있다.

슬로바키아는 헝가리 제국의 속령이 되었다가, 1918년에 보헤미아와 모라비아 그리고 실레지아 영토 일부와 합쳐져 체코슬로바키아가 건국되었다. 제2차 세계대전이 시작되기 직전 1939년에 슬로바키아는 아돌프 히틀러의 압제로부터의 독립을 선언했으나 1945년 체코슬로바키아로 다시 통합된다. 이후 1948년부터 1989년까지 체코슬로바키아는 소비에트 공산주의에 의해 통제되었다. 공산주의 붕괴 이후 체코와 슬로바키아 연방 공화국이라는 체제를 거쳐 1993년 체코와 슬로바키아 두 민족이 공식적으로 분리됨으로써 서로 독자적인 길을 걷게 되었다.

* **교육**

슬로바키아 성인의 대부분은 문맹이 없다 할 수 있다. 의무교육은 아동이 초등학교에 입학하는 만 6세에 시작된다. 초등교육은 9년이 소요되며, 최초 8년이 의무교육이다. 초등학교를 마친 후 학생들은 제2

의 교육 과정 유형을 선택하게 된다. 직업학교나 기술학교, 일반 학교 (gymnasium 인문계 고등학교), 혹은 사범학교에 진학하게 된다. 슬로바키아에는 14개의 대학 교육 기관이 있다. 브라띠슬라바의 꼬멘스끼 대학은 1467년에 창설되었으며 공과(工科) 대학들은 브라띠슬라바, 꼬쉬쩨, 쥘리나 그리고 니뜨라에 분포되어 있다.

* **생활양식**

공산주의 와해후 1990년에 시장 경제의 도입은 실업률, 높은 물가 상승률 그리고 슬로바키아 일반 가정의 체감 생활 수준 저하를 초래하기도 했으나 2004년 5월을 기점으로 유럽 연합에 가입함으로써 정치, 경제, 사회적으로 유럽으로의 귀환에 큰 획을 긋는 역사적 기점이 되었다.

도시 지역에서는 아파트와 같은 공동주택 유형에 거주하는 경우가 많으며, 많은 이들이 전원지역에 주말용·휴가용 작은 별장 (chata, chalupa)을 소유하고 있기도 하다. 지방의 경우에는 단독 주택 유형의 거주가 도시 지역에 비해 월등하다.

슬로바키아인은 돼지고기 섭취율이 높은 편이며 브린조베 할루슈끼 (Bryndzové halušky 양젖 치즈를 곁들인 밀가루 음식)와 굴라쉬를 포함한 헝가리 음식을 즐기는 편이다. 포도주와 맥주, 자두주 그리고 허브주 등이 일반적인 주류들이다.

축구와 다른 스포츠 이벤트들은 슬로바키아인들이 여가시간에 즐기는 것이며, 스키와 하이킹 역시 빼놓을 수 없다. 도시 거주민들은 오페라, 발레, 콘서트 그리고 연극 공연을 즐긴다. 친구나 지인들과 함께 와인바 또는 맥주집에서 담소하는 것 역시 일상적인 즐거움의 하나이다.

* **무역, 경제**

국가 계획 경제체제에서 시장 경제체제로의 전환을 통해 혼란을 겪고 불투명한 사유화 과정 역시 문제점으로 대두되었지만, 유럽 연합 가입을 계기로 새로운 도약에 박차를 가하고 있다.

대외 무역은 슬로바키아 경제의 주요한 부분을 차지하고 있는데, 원유, 천연 가스, 기계 그리고 운송장비는 슬로바키아의 주요한 수입품들이다. 기계, 화학, 연료, 철강 그리고 무기는 주요 수출품들이다. 체코는 슬로바키아의 주요 대외 무역 파트너이며 오스트리아, 독일 그리고 러시아 역시 슬로바키아의 대외 무역에 주요한 부분을 차지하고 있고 슬로바키아는 근래에 들어 중동부 국가들 중 외국인 직접 투자와 생산 설비 투자가 가장 많은 나라로 간주되고 있다.

* **이민의 역사**

슬로바키아의 쥘리나(Žilina)의 전체 인구보다 네 배나 많은 슬로바키아인들이 1890년대 이후 그 당시 슬로바키아의 가장 큰 도시였던 부다페스트에서 거주해야만 했다. 1899~1913년 사이 394,713명의 슬로바키아인들이 미국으로 이주했다. 오늘날 미국인들 중 약 200만 정도가 슬로바키아계임을 알리고 있다.

1918년 10월 28일 체코슬로바키아 건국후 그리고 슬로바키아의 6년간의 독자노선(1939-1945) 이후, 슬로바키아는 1993년 1월 1일을 기해 새로운 독자적 국가로서 출범하였다.

* **사회문제**

슬로바키아 사회 역시 서유럽 국가들과 유사한 문제들을 안고 있다. 범죄, 매춘 그리고 마약은 공산주의가 와해된 1989년 이후에 증가해 왔으며 미혼모와 노년층의 상대적 빈곤감 역시 확대되어 왔다.

  슬로바키아 정부와 슬로바키아내 거주하는 헝가리인들 사이의 긴장 역시 팽배해 있으며, 많은 헝가리인들이 그들의 공식어로 헝가리어를 사용할 권리를 포함해 교육과 문화적 자치권에 있어 차별과 억압을 받고 있다고 불만을 토로하고 있다. 슬로바키아와 기존의 헝가리인들이 거주하고 있는 지방의 다른 지역에 있어서도 이러한 긴장이 나타나고 있다.

* **행정부**

  슬로바키아에는 대통령과 수상이 존재한다. 대통령은 5년 임기로 국민에 의해 선출되며 수상 임명권이 있다. 수상은 전통적으로 의회의 다수석을 차지하는 당의 당수이거나 연립정당의 수뇌이다. 수상과의 의견 조율을 거쳐 대통령은 내각을 임명한다.

* **입법**

  슬로바키아는 일원제 의회를 구성하고 있으며, 의회의 150명 의원은 4년 임기로 국민 투표에 의해 선출된다. 만 18세 이상의 모든 슬로바키아 시민들은 투표권이 있다.

* **사법**

  슬로바키아에는 10명의 헌법재판소 재판관이 구성되어 있다. 이 재판관들은 대통령에 의해 국회에서 상정된 명단의 인물 중 7년 임기로 선출된다. 지방 사법 제도는 대법원, 지역 법원, 지방 법원 그리고 군 법원을 포함하고 있다.

* **정당**

  슬로바키아에는 여러 정당들이 있다. HZDS (Hnutie za demokratické Slovensko)로 알려진 슬로바키아 민주 운동당이 현재 가장 지지율이 높은 정당이다. 다른 주요 정당들로는 슬로바키아 민주기독연합 (Slovenská demokratická a kresťanská únia; SDKU), 민주좌파당 (Strana demokratickej ľavice; SDĽ), 슬로바키아 공산당 (Komunistická strana Slovenska; KSS), 기독민주운동 (Kresťanskodemokratické hnutie; KDH), 민주운동 (Hnutie za demokraciu; HZD), 헝가리 연립당 (Strana maďarskej koalície; SMK) 등이 있다.

* **문화**

슬로바키아의 문화발전은 이웃하고 있는 나라들의 영향과 더불어 자국의 풍부한 민속적 전통을 반영하고 있다. 외세에 의한 수 세기에 걸친 문화적 압력과 통제에도 불구하고 슬로바키아의 예술, 문학 그리고 음악의 풍부성과 전통은 자랑할 만하다.

슬로바키아에는 12개의 국립 과학 박물관이 있으며 대학과 고등교육기관과 결연을 맺고 있는 473개의 도서관들 그리고 2600개의 공공 도서관들이 있다. 브라띠슬라바에 있는 1919년에 설립된 대학 도서관은 2백만 권 이상의 장서를 보유하고 있으며 국가의 가장 중요한 도서관이기도 하다. 1863년에 설립된 마르띤 (Martin)에 위치하고 있는 슬로바키아 국립 도서관은 슬로바키아 문화 관련 자료들에 대한 수집품들을 소장하고 있다.

슬로바키아에는 50개 이상의 박물관이 있다. 1893년에 설립된 브라띠슬라바의 슬로바키아 국민 박물관은 슬로바키아 역사, 고고학, 음악에 관한 자료들을 소장 전시하고 있으며 슬로바키아에서 가장 유명한 박물관이기도 하다. 1948년에 브라띠슬라바에 설립된 슬로바키아 국립 미술관을 포함한 다른 박물관들로는 1955년에 반스까 비스뜨리짜 (Banská Bystrica)에 설립된 슬로바키아 민족 봉기 박물관 그리고

1872년에 꼬쉬쩨 (Košice)에 설립된 동슬로바키아 박물관이 있다.

* **문화의 역사적 발전과정**

문화와 슬로바키아 민족 문학의 출현과 관련하여서는 18세기에서야 슬로바키아 구어의 요소들이 문학 텍스트에 나타나게 되었지만 안똔 베르놀락 (Anton Bernolák 1762-1823)은 최초로 슬로바키아 문어를 정립시키려 노력한 사람이었다. 베르놀락의 언어는 두 재능있는 작가에 의해 사용되었는데, 이들은 바로 최초의 슬로바키아어 소설을 썼던 요젭 이그나쯔 바이자 (Jozef Ignác Bajza 1755-1836)와 유명한 고전주의 시인인 얀 홀리 (Ján Hollý, 1785-1849)가 있다. 특히 얀 홀리는 슬로바키아어가 고대시의 복잡한 형태에도 충분히 적합하다는 것을 보여주기 위해 알렉산더격의 시행으로 서사시를 썼다.

슬로바키아 문학 고전의 대표적인 작가들로는 얀 꼴라르 (Ján Kollár 1795-1852)와 역사학자 빠볼 요젭 샤파릭 (Pavol Jozef Šafárik 1795-1861)이 있다. 이 두 작가는 체코어로 그들의 작품을 쓰기는 하였으나 그들의 작품은 체코 문학과 슬로바키아 문학 유산 모두에 동등하게 중요한 의미를 갖고 있다.

이 두 작가 모두는 슬라브인들에게 되돌아올 영광스런 미래에 대한 헤르더 (J.G. Herder)의 철학적 사고를 수용하였으며 범슬라브주의 (Pan-Slavism)의 가장 주요한 후원자가 되었다.

홀리 (Hollý), 꼴라르 (Kollár) 그리고 샤파릭 (Šafárik)은 민족의식을 깨우기 위해 부단히 노력하였으며 민족 문학 창조를 위한 길을 제시해 주었다.

* **19세기**

19세기 슬로바키아에서 가장 두드러진 인물은 의심의 여지없이 류도빗 슈뚜르 (Ľudovít Štúr 1812-1856)이다. 그는 작가이자 학자이며 헝가리 의회의 대표이기도 했다. 그는 현대 슬로바키아 문어 (1844) 의 주요 창시자이다. 중부 슬로바키아의 방언에 기초를 두고 있는 현대 슬로바키아 문어는 슬로바키아 전 민족에 의해 받아들여졌다. 그는 발군의 애국적 사상과 대중적 전통의 밀착을 주특징으로 하는 슬로바키아 낭만주의 사조를 발전시켰다.

1848년 혁명 실패이후 이어진 강요된 '헝가리화'의 암울한 시기동안 몇몇 작가들은 진보적인 문화의 대중적 도덕성을 유지하기 위해 엄청난 노력을 쏟아 부었다.

이러한 상황은 슬로바키아에서 사실주의의 도래를 1870년 이후로 늦추는 결과를 가져왔고 따라서 후속 신세대 작가들은 슬로바키아 문학의 수준을 재차 높이기 위한 노력을 시작했다.

'사실주의' 작가들은 그들의 작품 주제를 과거보다는 일상생활로부터 택했다. 이는 흐비에즈도슬라우 (P.O. Hviezdoslav 1849-1921) 의 시와 소설가 스베또자르 흐루반 바얀스끼 (Svetozár Hurban Vajanský 1847-1916) 그리고 마르띤 꾸꾸췬 (Martin Kukučín 1860-1928)에 있어 두드러지게 나타나고 있다.

* **20세기**

20세기 초에 '슬로바키아 모더니스트' 라 불리우던 문학작가 그룹은 시인 이반 끄라스꼬 (Ivan Krasko 1876-1958)가 주도적 위치에서 이끌어가고 있었다. 그의 작품 스타일은 인간의 운명에 대한 시적 표현의 일례를 보여주는 서방 상징주의 작가들의 작품 유형과 유사한다. 이러한 작품 스타일의 유행과 19세기 슬로바키아 문학의 일반적인 사조들은 슬로바키아 민족의 존재와 그들의 언어와 문화를 수호하기 위한 지속적인 노력과 관련을 맺고 있었다.

트리아농 조약과 프랑스에 의해 보장받은 체코슬로바키아의 건국은 젊고 재능있는 슬로바키아인들이 프랑스로 가서 그들의 학문을 이어가는 것을 가능하게 해 주었다. 이들 가운데에는 임로 바이네르 끄랄리이 (Imro Weiner-Kralj)와 류도빗 풀라 (Ľudovít Fulla)가 있다.

기욤 아폴리네르 (Guillaume Appolinaire)와 앙드레 브레통 (André Breton)은, 블라디미르 라이젤 (Vladimir Reisel), 얀 락 (Jan Rak), 쯔띠보르 슈띠뜨니쯔끼 (Ctibor Štítnický) 그리고 루돌프 파브리 (Rudolf Fabry)와 같은 젊은 슬로바키아 시인들에게 영향을 미쳤다.

* **문학**

18세기 후반에 슬로바키아에서는 문화와 정체성을 정립하기 위한 민족 부흥운동이 발생했다. 이러한 사상적 조류의 선도자들 중의 한 명은 서슬로바키아 방언에 기초하여 슬로바키아 문어를 정립했던 제주이트파 목사 안똔 베르놀락 (Anton Bernolák)이었다. 19세기에 개신교 지도자 얀 꼴라르 (Ján Kollár)와 빠볼 샤파릭 (Pavol Šafárik)은 중부 슬로바키아와 보헤미아에서 사용되고 있던 방언에 기초하여 슬로바키아 문어를 발전시켰다. 꼴라르와 샤파릭 당대의 언어학자이자 슬로바키아 민족주의자인 류도빗 슈뚜르 (Ľudovít Štúr)는 체코어의 영향을 거부하고 보다 더 독자적인 슬로바키아 문어의 발전을 꾀했다. 슈뚜르의 언어는 슬로바키아의 민족적 테마를 광범위하게 다루었던 슬로바키아 시인 그룹에 의해 수용되었다.

시는 20세기의 주요한 문학으로 남게 되었으며 제2차 세계대전의 경험으로부터 독자들에게 호소하거나 공산주의의 도래를 알리려는 슬로바키아 작가들에 의해 사용되었다. 공산주의 시기동안 슬로바키아 문학은 극심한 정부의 통제에 시달리게 되었다. 그러나 도미닉 따따르까 (Dominik Tatarka), 류보슈 유릭 (Ľuboš Jurík), 마르띤 부또라

(Martin Bútora), 밀란 쉬메츠까 (Milan Šimečka) 그리고 하나 뽀니쯔까 (Hana Ponická) 의 작품들은 이러한 공산주의 정책 유형의 영향을 벗어나고자 추구했던 작품들이다.

* **예술과 건축**

슬로바키아 현대예술은 슬로바키아 민속과 유럽 예술에 의해 영향 받았으며 오늘날 수 많은 예술가 협회에 의해서도 대표되고 있다.

현대 조각은 꼼빠녹 (V. Kompanok)과 루다우스끼 (A. Rudavský)와 같이 예술학교를 졸업하고 전통적인 재료를 사용하는 원로 작가들과 보다 더 천연적인 재료를 사용하고 심리적 측면에 근접하고자 하는 신세대 작가들로 나뉘어진다.

슬로바키아의 회화 학교는 19세기 중반에 생겨났다. 조각과 건축 역시 19세기와 20세기에 발전하였으며 대부분 서유럽 스타일로부터 영향을 받았다. 뻬떼르 미할 보훈 (Peter Michal Bohún)과 끌레멘쓰 (J.B. Klemens)는 이 시기의 가장 유명한 예술가들이다.

풍경화나 초상화 작품에 있어서는 라디슬라우 메드난스끼 (Ladislav Medńanský)와 도미닉 스꾸떼쯔끼 (Dominik Skutecký)가 19세기 후반에 큰 주목을 받았다. 입체주의 작가 에스떼르 씨메로바-마르띤췍꼬바 (Ester Simerová-Martinčeková)와 초현실주의 작가 임로 바이네르-끄랄 (Imro Weiner-Král)이 20세기 초에 영향을 미쳤다. 20세기 다른 주요한 예술가들로는 류도빗 풀라 (Ľudovít Fulla), 미꿀라슈 갈란다 (Mikuláš Galanda), 미꿀라슈 바조르스끼 (Mikuláš Bazorský)가 있다. 두샨 유르꼬비츠 (Dušan Jurkovič)는 20세기 초의 중요한 건축가이다.

잘 알려진 슬로바키아의 고대 모라비아 비너스는 대모라비아 제국의 종교 건축물들처럼 석기와 청동기 시대를 거슬러 올라가는 유물이다. 이렇듯 슬로바키아에는 이미 오래 전부터 여러 유형의 예술적 전통이 이어져 왔다.

* **음악**

슬로바키아 문화 생활에서 음악은 중요하고 독특한 위치를 차지해 왔다. 19세기 초반에 민족의 음악적 전통은 슬로바키아의 인상적인 민속 예술 유산과 밀접하게 관련되어 발전되기 시작했다. 현대 슬로바키아 음악은 클래식과 민속 스타일 두 가지 모두에서 영향을 받았다.

20세기의 유명한 작품으로는 알렉산데르 모이제스 (Alexander Moyzes)의 작품과 얀 찌께르 (Jan Cikker)의 오페라들이 포함된다.

전통적인 슬로바키아 음악은 슬라브와 유럽 민속의 가장 독창적인 형태의 하나이다. 가장 오래된 유형은 9세기의 대모라비아 예배의식 (Slavon)에 사용된 것이며, 이는 15세기와 16세기의 종교음악의 기원이 되었다. 슬로바키아의 민족음악은 종교음악과 실내악으로부터 많은 영향을 받았다.

오늘날 음악은 슬로바키아 문화의 가장 중요한 측면 중의 하나로, 가장 유명한 오케스트라는 브라띠슬라바와 꼬쉬쩨 필하모니 오케스트라, 그리고 슬로바키아 필하모니이다. 브라띠슬라바 라디오 방송 심포니 오케스트라와 슬로바키아 실내 악단 역시 유명하다.

유용한 정보

* 주한 슬로바키아 대사관
주소: 서울 용산구 한남동 389-1
전화번호: (02) 794-3981 / 5420
팩스 : (02) 794-3982

* 국제전화시 슬로바키아 국가 코드: 421

* 슬로바키아 내 주요한 긴급 전화번호:
경찰: 158
앰뷸런스: 155
슬로박 긴급 구조 시스템: 154
화재: 150
전화번호 문의: 120, 121

가장 알기 쉬운
슬로바키아어 회화

초판 1쇄 | 2005년 12월 31일
초판 2쇄 | 2007년 10월 25일

저　자 김은해
발행처 삼지사
발행인 이재명

마케터 장영수, 최준수
관　리 김은주, 이재희
출판등록 1983년 8월 1일 제4-6호
주　소 서울특별시 중구 신당동 249-20 삼회빌딩 3층
전　화 (02)2234-4560, 0733 | 팩　스 (02)2232-3710
홈페이지 www.samjisa.com

정가 15,000원
ISBN 89-7358-374-3 18790

저자와의 합의로 검인을 생략합니다.
잘못된 책은 구입하신 서점에서 교환해 드립니다.